Narratori ◀ Feltrinelli

Paolo Rumiz
Il Ciclope

© Giangiacomo Feltrinelli Editore Milano
Published by arrangement with Marco Vigevani & Associati Agenzia Letteraria
Prima edizione ne "I Narratori" novembre 2015

Stampa  Grafica Veneta S.p.A. di Trebaseleghe PD

ISBN 978-88-07-03163-2

FSC
www.fsc.org
MISTO
Carta
da fonti gestite in
maniera responsabile
FSC® C021883

www.feltrinellieditore.it
Libri in uscita, interviste, reading,
commenti e percorsi di lettura.
Aggiornamenti quotidiani

razzismobruttastoria.net

Il Ciclope

Mi credi? Non è mio questo racconto.
Me l'han dettato l'Ostro e la Nevera.

GIONA

Era quella che si dice una nottataccia. Salivo per il sentiero a picco sul mare lottando con le raffiche, e nel buio dovevo badare a dove mettere i piedi. Da ovest arrivava il temporale, la folgore mitragliava un promontorio lontano simile a una testuggine. Ero sbarcato appena in tempo: con quel mare in tempesta non sarebbe arrivato più nessuno per chissà quanti giorni. Ero solo, non conoscevo la strada del faro e l'Isola era deserta. Miglia e miglia lontano, il resto dell'arcipelago era inghiottito dal buio e dalla spruzzaglia. Non una luce, niente.

Non ricordo in che lingua gridai che ero lì, che stavo salendo, che mi venissero incontro, ma non mi rispose che il tuono dei frangenti. Dei faristi neanche l'ombra. Cominciò a piovere e solo allora apparve, cento metri più in alto, il fascio di luce. Cercai la lampada, e vidi qualcosa che mi ammutolì. Dall'orlo della scarpata la torre si piegava verso di me, torcendo la sua possente struttura in pietra. Cercava l'intruso con l'unico occhio da ciclope. Sfolgorava, ma proprio la fonte di luce era buia come la pece, più nera della notte stessa. Era irata e mi stava cercando, ma non mi aveva ancora individuato. La luce passava e ripassava con colpi di sciabola sempre più vicini. Mi rannicchiai nella brughiera, ma un piede

11

inciampò in una radice. Caddi in avanti, tentai di aggrapparmi ai cespugli ma persi la presa. Precipitavo. Forse gridai qualcosa, ma la voce non uscì.

Un colpo di vento mi sveglia di soprassalto. Accendo la lampada tascabile e illumino una stanza nuda intonacata di bianco, muri grossi, un comodino, un libro, un quaderno, una valigia con la mia roba, un vecchio finestrone dipinto di verde con le imposte sprangate. Fuori rinforza, gira da Scirocco a Libeccio. Sono nella macchina di luce, nella sua pancia, come Giona nella balena. La prima notte nel faro non è ancora finita, e il Ciclope si è già impossessato di me. Controlla i miei sogni. Sono al sicuro nella mia camera, sotto tre coperte di lana, ma se tendo l'orecchio sento il canto monotono dell'ingranaggio in cima alla torre, la ruota dentata che governa la rotazione dell'apparecchio ottico. Un arpeggio metallico come di pianoforte scordato, ma capace di duettare col vento costruendo accordi in minore.

"If you do not go now," mi hanno detto ventiquattr'ore fa, alla vigilia dell'imbarco per l'Isola, "you have to wait five days." Quelli della barca lo sapevano che il tempo peggiorava e mi avevano consigliato di approfittare di una breve tregua meteo. E poi era sabato, sabato di Pasqua, e sarebbe stato criminale non portare ai faristi qualcosa di buono per la ricorrenza. Pesce ed erbe aromatiche a parte, sull'Isola manca tutto. Più che un'isola, è uno scoglio disabitato e lontano, e avevo dovuto fare una robusta scorta anche per me stesso. Per questo all'ultimo mercato avevo fatto una gran spesa di verdura fresca, un sacco da cinquanta chili che la mia vecchia schiena aveva faticato a issare a bordo. Pomodori, patate, cipolle, cavolo cappuccio. Da casa mi sono portato anche venti litri di vino e i dolci triestini delle feste.

Apro la finestra, sul precipizio del versante sud. La tempesta è un vortice di gabbiani come anime perse. Cosa ci facciano a quell'ora e come riescano a reggere a quelle raffiche, lo sa solo l'Onnipotente. Sull'Isola la lotta per la vita non cessa nemmeno a notte fonda. Ce ne sono a migliaia, di uccelli, sullo scoglio sperduto. La scarpata e i pendii della brughiera sono pieni di nidi. Ho tentato di avvicinarli prima del tramonto, ma dalla macchia pettinata dal vento sono emersi centinaia di piumati periscopi in allarme. In un attimo la flotta aerea era già in volo, veleggiava in uno stridio infernale sulla mia testa, sempre più vicina, fino a sfiorarmi con fruscio minatorio, purché mi togliessi dai piedi.

Rileggo il diario di quel primo giorno. Frasi brevi, quasi degli haiku. "Ore tre. Impossibile riprender sonno. Aprile, notti fredde. Appena spengo, arrivano i pensieri. Non sono più abituato a star solo." Nella pagina successiva: "Nel faro siamo in tre. Il Capitano, il suo assistente, io. Gli unici abitanti dell'Isola. Tra un'ora c'è la sveglia per controllare la stazione meteo e mandare i dati alla Centrale, ma in questo momento sono l'unico che non dorme. Sento la lanterna insonne che sfrigola e bisbiglia. Esco dal letto e salgo in ciabatte, senza accendere la torcia. Scale a chiocciola, una porta bianca, una scala di ferro, una seconda scala. Oltre non vado. Ho paura che l'occhio di Polifemo si possa guardarlo solo nel riflesso dei vetri esterni, e da un angolo più basso. Oltre, temo che la luce sia intollerabile. Faccio come gli Ebrei, che guardano le sante candele dello Shabbat solo nel riflesso delle unghie. Guardo l'occhio del Ciclope attraverso la vernice del pavimento".

A viaggio finito, mi accorgo che in quei giorni ho aderito al presente in modo totale, forse come mai in vita mia. Per tre settimane non ho avuto né radio, né tv, né internet, né telefono. Solo partite a tressette, qualche buon libro, un mini-organetto diatonico da osteria soltanto per rompere il silenzio (non sapevo suonarlo, ma ci provavo quando i guardiani erano fuori). Ho scandito quelle ore solitarie come un orologio a pendolo. A ripensarci, mi rendo conto di non aver scritto io questa storia. Sono stati il vento e la marea. Io non ho fatto che registrarne la voce amplificata dal ventre cavo della torre. Per questo il diario che ho riempito non ha quasi bisogno di rielaborazione. Esso è, in tutto e per tutto, il racconto. Non mi resta che trascrivere e riordinare quelle note.

Dunque. Eravamo rimasti alla salita alla luce appena intravista della lanterna, la prima notte.

Ridiscendo le scale a chiocciola. Attraverso un finestrino della torre vedo un lampo illuminare tutta l'Isola. Fisso nella retina il contorno di un lucertolone di pietra con la sua cresta giurassica. Poi, di nuovo buio pesto. La pioggia tambureggia sui vetri. È la notte della Resurrezione, ma sembra quella del Golgota: chissà se il Nazareno ha già spostato la pietra dal Sepolcro. Sento il grido lungo della luce nella notte immensa. È uno dei fari più alti del mondo. Centodieci metri contando la montagna che esce dal mare. Da quassù la vista dev'essere pazzesca col tempo buono.

Il basamento è un'opera di potenza megalitica, ben più vecchia di un secolo. Muri di un metro, a prova di terremoto. Un parallelepipedo di due piani con un perimetro di venti metri per dieci, buono per ospitarci anche venti persone, a memoria di un tempo in cui nei fari abitavano famiglie intere e si facevano figli. Sopra il bastione, il possente tronco di cono sommitale. Le ringhiere, le imposte e i mancorrenti sono ancora quelli originali, straordinariamente intatti. Sono il marchio inconfondibile del mondo di ieri, rinnegato dalla filosofia di rapina dei tempi nuovi, soppiantato dall'era della plastica e dell'obsolescenza programmata.

I faristi sono uomini duri, inchiodati a uno scoglio. Monarchi assoluti del loro territorio e, allo stesso tempo, reclusi al confine. Succede che, a furia di star soli, siano spesso torvi e magari un po' matti. Ma quelli che mi hanno accolto sull'Isola sono di pasta buona. Mi hanno dato il benvenuto con un piatto di bucatini e aragoste intere, anzi, più che un piatto un catino, e invitato a mangiare a tavola con loro. Il Capitano è anche un pescatore, appena il tempo è buono esce in barca e butta le reti. Al mio arrivo, sulla muraglia del faro che guarda a mezzogiorno era tesa una corda con una ventina di pesci salati ad asciugare, sbatacchiati dal vento come biancheria al sole.

Notte lunga e fredda. Devo mettere anche i calzini e una coperta in più. Spengo la lampadina frontale e provo a dormire, ma niente da fare, la testa è troppo piena di visioni. Troppo improvviso il passaggio dal pieno al vuoto di questo luogo. Forse è il corpo che tenta di resistere al risucchio del nulla. Perché davvero, qui, se sei solo, rischi di diventare matto. Parli con te stesso, ti viene naturale, e non ti accorgi di farlo per il semplice motivo che hai il tuo Doppio accanto, qualcosa di simile a un angelo custode. Lo sento anche ora: se aprissi gli occhi lo vedrei seduto al capezzale. Ieri per due volte, esplorando l'Isola prima della pioggia, mi sono voltato per capire di chi erano i passi dietro di me, ma non c'era nessuno.

Soffia un Levantazzo umido e infame, una specie di lamento, fa migrare anime morte e ti spinge nelle caverne inesplorate di te stesso. Qui sei un miserabile nulla davanti all'immensità della natura. Non è come il Grecale, o il vento di Borea, che ti esalta, lava l'anima e pulisce i pensieri. O come il Maestro, che ti fa veleggiare con un andante maestoso. Stanotte sono davanti a quella cosa che fanno di tutto per nasconderci e che ci salverebbe dal naufragio: il senso del limite. Quanto ci farebbe bene, penso, un po' di sano, superstizioso timore dell'ira d'Iddio – o degli dèi – per guarire da questa oscena sicumera che nasce dal sentirci garantiti e sazi in un mondo pieno di strepito e incoscienza. Benedetto sii tu,

15

dunque, vento di Levante, in questa notte nera. Fammi bere fino in fondo questo benefico spavento, solo in questo mare sfiancato da troppe reti. Sì, ho fatto bene a venire qui da solo, per il primo viaggio immobile della mia vita.

Cinque del mattino. Sento il Capitano che scende le scale, apre e chiude il portone. Vedo la sua ombra dalla finestra della cucina picchiettata di pioggia. Con queste raffiche, per guardar fuori non c'è che il versante ovest del faro, l'unico lato protetto del possente basamento quadrangolare. Il guardiano traversa nelle raffiche diretto alla stazione meteo per i rilevamenti quotidiani. E davvero, in un luogo dove non succede nulla, il tempo è la prima cosa da annotare. Il meteo riassume l'universo. Anche la nostra cattiva coscienza.

Si comincia a vedere lontano. La notte non è più nera, oltre le nubi c'è il fanale di una Luna invisibile già sgonfia che va a inabissarsi. Sotto, una migrazione di onde parallele da est, la stessa direzione di quest'isola lunga. Una scena da balenieri di Nantucket. Solo che il vento non viene dall'Atlantico, ma dalla parte opposta. Nonostante la pioggia, è aria dura, desertica, carovaniera, che non fischia nelle fessure ma strattona la finestra, sbatte le vele del cielo, picchia come su un tamburo – o forse un gong – di dimensioni planetarie. Un vento che ha odore di Oriente.

Il Capo è rientrato nella sua abitazione, lo vedo seduto in cucina dalla porta semiaperta, in fondo al corridoio. Fuma come un califfo, perso nei suoi pensieri, un gomito sul tavolo e la radio al minimo con musica nostalgica. Mi ha già annunciato il pranzo di Pasqua: zuppa di manzo e una teglia di vitello con patate (nelle feste comandate la gente di mare si gode la carne, una volta tanto). Ma nel freezer mi ha già infilato una mezza dozzina di orate di scoglio e il necessario per un brodetto di scarpena (lo scorfano del Tirreno). Per i prossimi giorni, s'intende. Io porterò alla festa uova sode colorate, un tegame di asparagi selvatici e coste saltate all'aglio.

Ora dovrei dirvi dove sono. Per esempio, che questa è un'isola lontana da tutto eppure al centro di tutto. Uno scoglio che, nonostante la distanza, è impossibile mancare. Dirvi che è microscopica, ma sulle mappe nessuno la dimentica, perché è un punto nave fondamentale. È segnata anche sulla mia mappa del Mediterraneo, scala uno a due milioni, e la scritta che la identifica è dieci volte più grande delle sue dimensioni su carta. Dovrei darvi le coordinate, latitudine e longitudine. Ma non lo farò. Non vi dirò nemmeno la nazione cui appartiene, perché detesto le nazioni e il mare non ha frontiere. Sappiate solo che di qui sono passati un po' tutti. Greci, Romani, Slavi, Turchi, Veneziani, genti di lingua tedesca, Inglesi e pirati saraceni. Persino Napoletani.

Un'unica informazione: qualche millennio or sono gli antichi l'hanno battezzata col nome del mare, perché ai loro occhi essa ne rappresentava la quintessenza. Non chiedetemi altro. Troppo facile, con i motori di ricerca. Bastano due-tre nomi e anche un bambino distratto ci arriva. Voglio che faticchiate a trovarla, che la navigazione sia ardua, che vi perdiate nei libri prima che negli arcipelaghi. La mela rosicchiata ci ha già fregato abbastanza: prima con Eva e poi con la Rete. Vi prego dunque, nel caso la trovaste, se siete affezionati alla mia scrittura e non volete che un luogo benedetto sia invaso dall'orda degli infedeli, non ditelo a nessuno. E se doveste rompere il patto e dire forte quel nome, vi maledirò, come Long John Silver sull'Isola del Tesoro. E farò di tutto per smentirvi.

Devo chiudere le imposte, o la salsedine si mangerà i serramenti. Imparo subito che questo luogo esiste ancora solo grazie a un secolo e mezzo di manutenzione quotidiana. Ne sono responsabile. Vedo lo spadone lento, regolare, reso quasi solido dalla pioggia, toccare il testone rotondo della

Terra come per l'investitura di un cavaliere antico, tracciando una linea tangenziale perfetta sulla curvatura del Pianeta. Un calcolo con la radice quadrata, basato sull'altezza della sorgente luminosa, dice che il punto di contatto fra la retta e il cerchio è a trenta miglia, ma il pennello di luce va molto oltre, trafigge la notte a cinquanta miglia almeno, fino a perdersi nel nulla.

LA NOTTE

Ancora Levante duro e pioggia. Le imposte sono accostate, ma l'acqua filtra e i vetri sono incrostati di sale. Nella penombra gioco con le memorie. Mi torna in mente di quando traversai a piedi le coste del Pembrokeshire, nel Sudovest dell'Inghilterra. Un posto dove puoi nuotare con le foche, sempre se hai voglia di scendere per i faraglioni e resisti alla temperatura dell'acqua. Le femmine sono curiose e si avvicinano, specie se canti. Io fischiavo *Mull of Kintyre* e loro venivano. Vennero, a dire il vero, solo fino a quando il maschio geloso, da una caverna a pelo d'acqua, non lanciò un ruggito rauco per farle tornare all'ovile. Da quelle parti, in cima a un promontorio chiamato St David's Head, c'era una torre di luce come questa, protesa sulla furia degli elementi. Ma dietro c'era almeno il paese, e nel paese un pub con birra buona, di quelli che entri con un colpo di vento e gli avventori si girano per capire chi sei mentre chiudi la porta in faccia alla tempesta. Qui non hai né paesi, né pub, né birra buona: siamo solo in tre con le nostre provviste.

In fondo al corridoio, l'appartamento del fanalista capo ha come sempre la porta aperta. Non c'è nessuno, ma in cucina la radio è accesa. Musica anche al piano di sotto, nel magazzino attrezzi, a sua volta deserto. Sono perfettamente solo, vado di porta in porta, di corridoio in corridoio, come nella sequenza di un film giallo, in cerca di un'ombra che mi sfugge. I custodi dei fari hanno paura del vuoto e del silenzio. Per questo si inventano un milione di cose da fare e ascoltano continuamente canzoni. Devono pensare che sono matto a esiliarmi così, per scelta. Non me lo dicono solo per buona educazione.

Accendo la radiolina a onde corte, la stessa che avevo nei Balcani nei giorni dell'ultima guerra. Mi accompagna da trent'anni. È un radar, un sismografo sul mondo. Intercetto parole irate in arabo, forse è un'emittente libica. Ed ecco Radio Ceuta che trasmette dalle Colonne d'Ercole. Cerco ancora e trovo un giornale radio croato, pubblicità italiana di una marca di scarpe, poi ancora Francia e Catalogna. Ma già irrompono i Greci, con quel loro concionare impaziente simile a raffiche di mitraglia. Distinguo molte parole di questa lingua nodosa e superba che ho studiato al liceo. Una fra tutte: "pandemonio". Sembra riassumere questo Mediterraneo senza pace, che ci scappa di mano.

Il debito greco: mi fa ridere, a ripensarci, che semplicemente se ne parli. Debito greco! Con quello che l'Europa e il mondo devono alla Grecia! Basterebbe, per capire, pronunciare i quattro nomi del mare partoriti dall'Ellade. "Pelagos", inteso come spazio abissale, immenso e aperto. "Thalassa", come visione del lampo azzurro per chi, come Senofonte nella sua *Anabasi*, viene da miglia e miglia di terraferma. E poi "hals", il mare come materia salata, liquido antitetico all'acqua dolce. "Pontos", infine: il mare come rotta, traversata, provvidenziale scorciatoia per andare da un luogo all'altro.

Sono le otto e ho già fame, sono bastate ventiquattr'ore a mutarmi. Butterei ai pesci la roba dietetica e il tè verde che mi son portato dietro, per farmi qualche sarda alla brace, un bicchiere di Malvasia e un buon caffè di cuccuma con uno di quei pani grandi e rotondi che trovi nel Sud Italia e hanno dentro il profumo del grano appena mietuto. E poi, perché no, una cipolla fresca da mordere. Ce ne devono essere nell'Isola, almeno così mi ha detto il Capitano ieri sera, mettendomi sul tavolo con noncuranza un bel mazzo di asparagi selvatici appena raccolti, "da mangiare crudi, mi raccomando".

Metto a tostare un po' di mandorle, addento un pezzo di cioccolato, riordino la cucina, sistemo i libri, così, tanto per non cedere all'abbrutimento. Col tempo cattivo la tua giornata si riduce a un pendolarismo fra il letto e i fornelli. Il viaggio immobile è il più difficile di tutti, perché non hai scampo, sei solo con te stesso, in preda alle visioni, e lasciarsi andare è facile, quasi naturale. Ma perché diavolo sono venuto qui, proprio qui, in uno dei posti più complicati del Mediterraneo, un'isola che ci vogliono due giorni e mezzo per arrivare?

Sono venuto perché lo cercavo da tanto un posto così. È nel sogno di tutti, in fondo. "Un faro! Che meraviglia, che invidia," mi dicevano tutti all'annuncio della partenza. Ma a questo, proprio questo faro, a strapiombo sul nulla, non ci sarei mai arrivato da solo. La colpa, si fa per dire, è di uno dei più raffinati skipper del Mediterraneo, un amico triestino di nome Piero e di cognome Tassinari, uno che stando al timone ti recita, anzi ti canta, l'*Odissea* a memoria, si orienta con le stelle e viaggia con portolani vecchi di un secolo. Di lui mi sono sempre fidato ciecamente, e così un giorno gli ho chiesto quale fosse il più pazzesco dei fari di sua conoscenza.

Mi ha risposto via mail dall'Inghilterra:

Ci sono passato vicino una sera di maggio, con sei-sette nodi spinti dal Maestrale e una mano di terzaroli. Eravamo a sud dell'Isola, col tramonto più bello che abbia mai visto. Ne vedevi solo la silhouette blu, con la luce del faro alta sulla cima. Sembrava un castello incantato, faceva paura tanto era bello. Eravamo in quattro, come bambini, non riuscivamo neppure a parlare, e siamo tornati normali solo dopo la mezzanotte, quando il vento ha girato da sud-ovest, caldo e attaccaticcio, e abbiamo incrociato alcune petroliere. Ho sempre sognato di andarci, però lì non c'è assolutamente nulla e in aprile-maggio rischi di restare bloccato a terra o sull'Isola. Cerca luoghi più accessibili.

Mi sconsigliava, il Piero, forse per mettermi alla prova. E difatti, quando gli ho comunicato la mia decisione, ha esultato. E mi ha declinato in versi anche la sua invidia.

Piero naviga con una barca centenaria costruita in Inghilterra, della quale ha meticolosamente studiato la complicata genealogia. *Moya* è il suo nome, un guscio quasi materno di tredici metri che ha visto a bordo registi e attori come Peter O'Toole e Anthony Queen, seguiti da stuoli di ragazze da copertina di "Playboy". Con *Moya* ha battuto il Mediterraneo in lungo e in largo, e un po' ci ho navigato anch'io, prima dalla Dalmazia fino alle acque della battaglia di Lepanto, davanti a Itaca, e poi dal Golfo di Corinto all'Isola di Mykonos, nel cuore ventoso delle Cicladi.

Piero aveva deciso di attraversare il "greco mare" per raggiungere l'Isola di Kos e portare un voto (un gallo, come insegnano i Greci) al tempio di Esculapio, il nume fondatore della medicina, per ringraziare gli dèi di esser sopravvissuto a una malattia grave. Era aprile, la stagione era particolarmente fredda, il Parnaso e i monti del Peloponneso erano ancora coperti di neve. Passammo Capo Sounio, poi – dopo una sosta tecnica a Kea – tagliammo a est-sud-est con venti nodi di vento libico e onde poderose che ci infradiciarono. Quando passammo a nord di Syros e il mare ci diede un'oretta di tregua, avvenne una cosa che non dimenticherò mai. "Come fa quella tua canzone di Syros?" mi chiese Piero, e io obbedii al capitano, intonando la bella *Fragosirianì* a squarciagola.

Allora Piero, in piedi sul ponte fortemente inclinato, incurante del vento, del rischio di scivolare in mare (non avevamo battagliola) e della foresta di cordami che potevano intralciarlo, chiuse gli occhi, allargò le braccia e schioccando le dita danzò in stato di trance, roteando come un vero greco, come se noi non esistessimo, per celebrare la vita, la sua vittoria sui bollettini medici. Suonava spesso il flauto, in modo egregio, nei momenti di requie dalle fatiche della navigazione. Lo suonava così bene che una sera, in una baia deserta della costa turca, vide arrivare a nuoto due "indigeni" con una bottiglia di rakì, portata come premio per quel concerto rubato a uno straniero.

Ma la scelta di venire in questa Isola misteriosa la devo anche a un grande narratore di mare, Antonio Mallardi da Bari. Difficilmente conoscerò un'anima più omerica della sua. Pescatore, contadino, violoncellista, maestro d'ascia e consulente editoriale, ha inseguito dentici e murene dalle Tremiti alle Jonie e oltre ancora, fino al mare infuocato di Haifa. Con Fosco Maraini ha circumnavigato Itaca sott'acqua, una settimana a caccia di pesce di scoglio, con una barca d'appoggio. In quel mare, mi ha detto Antonio dopo una fiasca di Malvasia divisa tra noi, "eravamo diventati felici come spigole, matti come ricciole che inseguono un branco di alici, svelti come aguglie in fuga dai tonni".

Antonio mi manda ogni tanto a sorpresa lettere dattiloscritte dense di dettagli preziosi, e sono fogli sfolgoranti di indignazione per l'arroganza e le ladrerie del tempo presente, ma anche profumati di fichi d'India e salsedine, di vento e di mito. E la mia Isola, mi ha scritto un giorno – tanto tempo fa, non ricordo –, era un posto giusto per ubriacarsi di vento e di mito. Anche lui, cinquant'anni prima, aveva sognato di fare il guardiano di un faro. Gli mancava solo quello, nella sua vita inquieta. Il ministero della Marina lo aveva chiamato a sostenere gli esami e lui l'aveva detto a Mara, sua moglie. "O me, o il faro," era stata la risposta. E così il desiderio inappagato è rimasto a covare in lui nelle notti di vento.

Eolo rinforza, ma non piove più e il cielo si riempie di luce. In pochi minuti il mare passa dalla Cornovaglia all'Egeo, e il Levante si mostra in tutta la sua magnificenza. Ho con me il libro di Antonio, e leggerlo qui è decisamente un'altra cosa. Il vento che arriva da oriente è "carico di luce e riflessi... ravviva il mare di onde frequenti e ricche di schiuma... riempie di colore le nostre scogliere... porta i semi di mirto e di rosmarino... matura i fichi d'India e l'uva, insanguina di papaveri i campi di grano, cuoce la fronte e la nuca dei pescatori, feconda il mare di nuovi pesci... Il vento della nostra civiltà antichissima, su cui si aprirono le vele di Ulisse e Diomede, soffia sempre su di noi, anche se sono passati i millenni, se la Grecia è solo rovine. Da Levante continueremo ad attingere calore e vita".

TRAMONTANA

In un posto fatto per funzionare di notte, è fatale che si diventi nottambuli o si aboliscano gli orari. Ma stavolta è anche scesa la bonaccia; e un triestino, abituato alla Bora, con la bonaccia ti diventa inquieto, gli pare che il mondo smetta di girare. Gli vengono pensieri del tipo: e se il Sole non sorgesse? A me è venuto in mente, questa mattina verso le tre. Da bambino, mi ricordo, ci pensavo; e qui sul faro la vecchia insicurezza ritorna. Ma è un sentimento benedetto, perché ti obbliga a riti propiziatori per tener buona la natura. Magari un giorno, se non c'è vento, prima dell'alba vado ad accendere un fuoco per il Sole, sul promontorio d'Oriente.

Sento il Capitano che scende le scale per i controlli meteo, dunque manca poco alle cinque. Ieri sera mi ha detto che poi non tornerà a dormire: il tempo di un caffè, e alla prima luce dev'esser fuori a tirare le reti. Fuori c'è un silenzio tremendo, appena lo sciacquio della risacca. I gabbiani non volano, nell'aria c'è attesa, immobilità e foschia, tranne un leggero chiarore sul lato di un'invisibile Luna calante. Provo a riaddormentarmi, ma cado solo in un ebete letargo dei sensi, in mezzo a libri aperti e quaderni sparsi sul letto.

Poco prima delle sei mi scuotono due-tre colpi di Scirocco. Apro le finestre, c'è odore di bruciato, di campi mangiati dalla siccità, ma carico dell'umido del mare. L'ho già sentita ad Algeri e a Lampedusa, quest'aria di erba combusta e polvere. Ma dura poco, in mezz'ora è di nuovo bonaccia e l'odore scompare. Non capisco dove va a parare, questo cielo che non si dà pace. Il barometro è ai minimi, presto sarà maggio e la primavera non arriva.

Dalla finestra vedo il Capitano che scende verso la barca tra nidi di gabbiani, gira oltre i ruderi di un'ex garitta, là dove la cresta dell'Isola prende un nome che vuol dire più o meno "lucertola", e scompare oltre il dosso. Va a fare da solo un lavoro per due, ma non gli ho chiesto di poterlo aiutare perché gli sarei d'intralcio, in quella sua barca di tre metri e mezzo. Il mare pullula di alici migranti, ma lui va a stanare il pesce stanziale, quello nobile di scoglio. Col cannocchiale vedo il suo guscio di noce che gira oltre il capo. Una scena siciliana, già vista nei *Malavoglia* di Verga. Piove, ma il mare è fermo, almeno.

Il tempo di far colazione e il cielo cambia nuovamente, con un soffio a filo d'acqua. Dalle mie parti è la Bora che comincia a questo modo. Ma stavolta no, è Tramontana. Più costante, meno nervosa. Non scopa il mare, lo agita di creste schiumate e spruzzaglia. Non serpeggia: avanza con un fronte alto centinaia di metri e va su con un crescendo regolare. Nel giro di mezz'ora il mare si popola di Nereidi in bianco. Una processione infinita che prende l'Isola di tre quarti. Non so come farà a cavarsela il Capitano, anche se è sul lato riparato dell'Isola. "Stai tranquillo," mi dice il suo assistente, fuori a pulire le reti. Il "vecchio" se la cava.

Davvero sono arrivato sull'Isola appena in tempo. La temperatura è scesa a dieci gradi. Vedo uno dei gatti isolani, quello di pelo bianco e nero, appallottolato e immobile al riparo di un muretto. È uno di quei giorni che anche un'isola minima diventa terra incognita e ti vien voglia di ridurre il tuo habitat al faro stesso; del resto cosa esiste di meglio, nel raggio di cento miglia, di questo temporalesco trono di Zeus da cui tutto si vede? Mi intabarro ed esco per appollaiarmi come un condor sul lato est della terrazza. Devo solo aspettare che il Capo sbuchi tra gli isolotti, dietro la coda del lucertolone.

Ed eccolo, è piccolissimo, tutto sottocosta per beccare meno vento. Punta sulla funicolare, a picco sotto il faro, si sbraccia con l'assistente per mandar segnali, urla "più basso!", "ancora!", e il ragazzo manovra, teso a non commettere errori. La gabbia della teleferica scende, si arresta a pelo d'acqua. L'uomo centodieci metri in basso si afferra al cavo, butta uno-due sacchi nel cestone di ferro, poi molla per recuperare gli altri pezzi, ma il vento lo allontana. Ecco, è di nuovo al timone, riprende terreno, riavvicina la funicolare marina. Per reggere al mare contrario è tutto un gioco di equilibrio, pazienza e piccoli colpi di motore.

Scendo sulla spiaggia a dargli una mano per tirare la barca in secco, almeno quello. Basta qualche robusta bracciata all'argano, un vecchio arnese carico di ruggine e bisunto di grasso nero. Si svuota la rete di quello che è rimasto. Acqua e gli ultimi pesci. Ridendo, il Capo mi mette in mano un barracuda di ottanta centimetri ancora mezzo vivo, poi si infila un'aragosta sotto l'ascella e corre alla baracca degli attrezzi per togliere la cerata e farsi la prima sigaretta. Si sdraia e fuma con un tale piacere che vien voglia anche a me, che non ho tirato una cicca in vita mia se non per finta.

Fame da lupi per il giorno di Pasqua. L'assistente ha già infornato il pane e scaldato gli ossibuchi in umido. Tre piatti e stoviglie sul tavolo di marmo e via, veder mangiare quei due è uno spettacolo. Ti sazi solo con la vista. Il Capo è una scultura di bronzo, gomiti sul tavolo, come i contadini di una volta, come tutti quelli che hanno lavorato di braccia e devono far riposare le spalle. La forchetta non la tiene, la impugna, e che diavolo. Il pane è fatto per essere spezzato, non tagliato con il coltello sacrilego, e serve a tirar su il sugo, accidenti, non a restare graziosamente asciutto tra le mani.

Dopo il caffè è ora di ciabatte. Sento nel corridoio il passo strascicato del pescatore a fine giornata. Esprime una serie di segnali. La stanchezza e il riposo guadagnato. La supremazia sul suo assistente, che non si permetterebbe mai di imitare il satrapo per cui lavora, e difatti cammina felpato. L'essere a casa sua, anzi nel suo regno indiscusso. Ho lavorato, dicono le babbucce, mi sono conquistato il diritto di stravaccarmi. Ed è il preludio del sonno del pomeriggio, il più profondo, quello strappato al divano. Sonno di pescatore che crolla vestito sui cordami, senza pigiama, né caffellatte, né brioche.

IL PRECIPIZIO

Per arrivare al più solitario dei fari, partendo dall'estremo Nord del Mediterraneo, si attraversa una steppa che pare la Mongolia, tanto è desolata e battuta dal vento. Si dice che su tale altopiano l'erba sia pettinata in una sola direzione, quella di Borea, e gli abitanti – derisi per questo dai popoli della costa – nutrano un sacro terrore del mare. Ma è solo l'inizio di un viaggio complicato, pieno di sorprese e di visioni, capace di passare da traghetti a impervie strade di montagna e durare almeno due giorni, sempre se il tempo è clemente.

Dopo le lande pastorali, il Mediterraneo riappare in fondo a un possente vallone tra i querceti, oltre il quale si intravedono le prime isole. In quell'arcipelago, si dice, approdarono gli Argonauti, e verrebbe spontaneo proseguire per quella rotta, ma sottocosta il vento picchia con tale violenza che anche i capitani più navigati preferiscono stare alla larga. La strada di terra non è meglio: vi si para davanti un monte altissimo e precipite, segnato da una strada tortuosa a picco sulle scogliere, dove le raffiche sono in grado di far rotolare in basso anche i rimorchi dei carri pesanti. Per questo tanti preferiscono allungare il viaggio e aggirare il monte per l'interno.

Per secoli, su quella cordigliera desertica, i Turchi si affacciarono per guardare dall'alto i domini di Venezia. Oggi vi abitano tribù bellicose, lunatiche e incupite da un cielo spesso coperto di nubi. Agli abitanti della costa, di cui essi invidiano non solo gli averi ma anche il clima più mite, i montanari si avvicinano con circospezione, per comprare pesce e sale o vendere il loro bestiame. Ma più spesso essi danno vita a periodiche scorrerie, alle quali la gente del pelago s'è rassegnata da secoli, anche perché sa per esperienza di poterli assimilare e addirittura piegare al mestiere del mare, nel quale primeggeranno per durezza di fisico e carattere.

D'estate, nelle rare serate di bel tempo, dal mare capita di vedere – e io l'ho vista qualche anno fa – un'enorme Luna piena color del ghiaccio uscire da quella catena infuocata, la stessa Luna che ti incanta nel deserto africano o nella Terra del Fuoco, sorgendo dalle Ande patagoniche. Una leggenda dice che il monte ha quel carattere temporalesco semplicemente perché "non ce l'ha fatta a diventare isola". Tutti i marinai, da quelle parti, sanno che le isole altro non sono che monti circondati dal mare. Ma sanno pure che non tutti i monti hanno avuto in regalo questa fortuna.

Nel Mediterraneo, basta salire a quota duecento perché

la civiltà pelagica scompaia e inizi la terra dei pastori. È un dualismo che si ripete all'interno di ciascuna isola. Anche nel mezzo delle Cicladi, i villaggi dell'interno sono più Bosnia, Erzegovina, Anatolia e Abruzzo che Grecia. È un mondo dai rudi inverni che volta le spalle al mare, guardato come spazio infido di naufragi, invasioni e tempeste, tramite di pirati e mercanti imbroglioni. Un mondo dove, stagioni a parte, il tempo è scandito dall'avanzare delle rughe sul viso di ossute matriarche nerovestite.

Villaggi chiusi a ostrica, invisibili ai naviganti, dove si consumano intere esistenze guardandosi bene dallo scendere sulla costa; baricentri di vertiginosi terrazzamenti, dove le case stanno in piedi solo puntellandosi tra loro e l'asino resta l'unico mezzo di trasporto. Conche dove persino il ronfare di un gatto ha la sua eco e il raglio di un asino rimbomba come sulla scena di un anfiteatro. Isole estreme, dove, a seconda dell'altimetria, si muore di capitomboli o di naufragi, accomunati dall'anice sorseggiata in penombra in fondo a una taverna.

Per arrivare alla mia Isola, anch'io ho preso la strada della montagna, tra picchi storti come il malaugurio e tremendi colpi di vento, costeggiando conche benedette da acque risorgenti e cascate, in un roteare di falchi e continui cambi di clima, come se due cieli si dessero battaglia campale proprio lungo quella linea. In piena primavera, su un passo, ho trovato turbini di nevischio e foreste appena devastate da un gelicidio. Su una casa diroccata un cartello segnalava il passaggio di orsi e di lupi, e il mare che pure era nascosto solo da una cresta montuosa, pareva lontano centinaia di miglia.

A quel punto la strada si perse per valli lunghe, in un arcipelago di villaggi sparsi, dentro uno scenario inquieto, quasi balcanico, o forse anatolico. Come sull'altopiano del Karaman Türkleri, vidi resti di caravanserragli e venditori di formaggio di capra fermi nel vento sul bordo di strade segnate da pochissimo traffico. Cenai con agnello allo spiedo e vino resinato. Ero su una frontiera, a due passi dai minareti, nel cuore di un mondo dalla lingua forte e densa di consonanti nervose, ma capace di addolcirsi in vicinanza del mare.

E il mare sterminato riapparve, a precipizio, dopo una gola da eremiti. Svelò altri arcipelaghi percorsi da Greci, Fenici, Veneziani, e mostrò sulla costa anche i segni formidabili della dominazione romana. La città ai piedi della montagna aveva l'impianto squadrato delle legioni e degli imperatori e un grande mercato fuori le mura, dove rugose Parche vestite di nero orchestravano un mirabile vocio che poteva benissimo essere slavo, turco, greco, ma anche veneto, in mezzo a ceste di pomodori, gabbie di polli e gatti dall'aspetto egizio.

Come sulle scogliere dei Liburni, sulle coste rocciose della Catalogna o sul versante sud dell'Isola di Creta, anche lì le barche dei pescatori venivano parcheggiate a quote impensabili. Salendo per le calli mi accorsi di una prua in rovere sapientemente dipinta che mi sovrastava da una terrazza e di una vecchia alberatura piantata tra i fiori di un giardino pensile. Poi, da un cimitero ebraico alto sul mare, vidi davanti alla città una grande isola che portava il nome stesso di Faro, avanguardia del mio sperduto capolinea.

Nel pomeriggio del Venerdì Santo, con mare tempestoso di Scirocco, un traghetto pieno di femmine mi portò molto al di là della grande isola, per sbarcarmi in un porticciolo simile alle fauci di uno squalo. Nella chiesa maggiore del paese, dove avrei pernottato, un chierico impugnò la croce come una spada davanti a pie donne genuflesse, mentre sul sagrato decine di bambini agitavano girandole di legno, come un frinire di grilli, in attesa della processione.

Quando dentro finirono bordoni e litanie, fuori cominciò il canto. Maschile, potente, in mezzo a una folla di ceri. Era Sardegna, Baleari, Grecia. Voci di un cristianesimo contaminato dall'ebraismo ispanico e dalla "sevdah" dei Turchi dell'Egeo. La voce stessa del Mediterraneo. La processione partì nelle strade deserte, e non c'era che la processione in paese: la processione *era* il paese. Gli uomini chiamavano, le donne rispondevano e, dietro agli incensi e ai paramenti sacri, quello che contava era quel canto civico, laico, di una comunità fieramente legata alle radici. E io pensavo che chiese e fari erano abitati in fondo dagli stessi dèi.

Fu notte di stelle, l'ultima prima di tante tempeste, e non era ancora l'alba quando mi svegliò il profumo del pane fresco sotto le finestre. Scesi nel retrobottega a far colazione. Era l'ultimo negozio, l'ultimo denaro speso, l'ultima insegna colorata prima dell'isola misteriosa. Poi caricai i miei cento chili di bagaglio e il motoscafo puntò lentamente verso la bocca di porto, per mettere subito dopo i motori al massimo. Sulla schiena di capodoglio di un'isola vicina vidi protendersi un faro simile a quello di Cnido sulla costa turca dell'Egeo, la fantastica torre spartivento che separa il mondo del Meltemi da quello, a Levante, dei pesci volanti, che nelle notti di bonaccia zampillano luminosi in superficie, sulle rotte verso Cipro e il Monte Libano.

Partivo con i polmoni pieni, e cantai a squarciagola tutto il viaggio – tanto nessuno poteva sentirmi a causa delle vibrazioni del motore –, mentre le isole si sfilavano a una a una come le quinte di un teatro, verso il mare aperto.

L'ASINO

Il re del faro è un asino guercio, adora i limoni ed è l'unico grande mammifero dell'Isola, oltre i faristi e me. Pascola soletto, dorme in una grotta e, dato che per i carichi pesanti da qualche anno c'è la teleferica, come tutti i re è dispensato dal lavoro che compete a quelli della sua specie. Il suo predecessore era una femmina dal bel nome latino, Mercedes, leggendaria nell'imboscarsi ogni volta che c'era da faticare. Quando, una volta al mese, arrivava il motoscafo stracarico per il cambio di turno tra i guardiani, lei si volatilizzava nella macchia, e trovarla era una scommessa. Sentiva il ronzio del motore prima di tutti. Si è appartata anche per morire, un giorno d'autunno. Le sue ossa sono state trovate tempo dopo ai piedi di un faraglione. Pare si sia buttata di sotto perché non sopportava di invecchiare senza dignità. Un gesto da tragedia greca.

Oggi che è una giornata di sole, buona per esplorare l'Isola, scendo dal ciuco a presentarmi come si deve, con in dono un limone e radici di coste fresche. Lui smette di brucare e mi guarda. Ha le orecchie pronte come un radar, e mi viene incontro quietamente. Annusa e addenta il limone con sovrana lentezza prima di darsi alle verdure e farsi strigliare per bene. Mi viene in mente che, come lui, anche il faro ha un occhio solo, e così all'istante decido di battezzarlo Kyklops. Ovviamente so il suo nome vero, ma chi va alla scoperta di un'isola, come tutti i conquistatori, prende il vizio di ribattezzare i luoghi e le creature che li abitano. L'asino è per me "il Ciclope", anche perché so che lui sarebbe il primo a ridere di questo nome. Come tutti gli asini, ha il senso dello humour e sa di essere l'antitesi della furia devastatrice di Polifemo.

Le piccole isole sono il paradigma delle contraddizioni. Le cerchi per scappare dal mondo, e il meteo ti sbatte al centro di un universo senza pace. Sono periferia e ombelico, "omfalos". Vi si approda in cerca di un sogno, ma possono generare incubi e tremendi pensieri. Mitologicamente sono luogo di nascita di dèi, ma anche nascondiglio di mostri come il Ciclope. Sono terra senza legge e di trasgressione, ma anche eremitaggio per chi cerca un rifugio dalle tentazioni del mondo. Possono diventare, per chi vi soggiorna, luogo di conoscenza oppure di oblio e sperdimento. Oblivion e Mnemosine vi coabitano, nascoste nella ventosa brughiera. Ma esse sono soprattutto esilio e regno. Anche per il mio asino, che come il guardiano del faro è prigioniero e al tempo stesso monarca della sua isola.

L'asino! Come ho fatto a non pensarci. Se esiste un'isola che ha questa contraddizione incisa nella carne, essa porta proprio il nome del mio peloso quadrupede dalle lunghe orecchie. Asinara. Quel nome sull'atlante echeggiava come un raglio tremendo, con le sue tre "a" piene di vento. Fu anche per l'eco della sua sonorità che decisi di andarci, nel 2011. La galera era chiusa da una dozzina di anni e da tempo mi chiedevo cosa fosse rimasto della quarantena o dell'approdo dei giudici Falcone e Borsellino alla vigilia del maxiprocesso alla mafia. Volevo vedere quel luogo di brughiera e salsedine, spazio selvaggio di semilibertà che accomunava carcerati e carcerieri.

Me ne aveva parlato per primo un compagno di classe al liceo, che vi era nato nel '46. Figlio di un dirigente carcerario, anche Pino Malara aveva nel nome il marchio delle tre "a" e aveva tratto un indomabile istinto libertario proprio da quello straordinario luogo di detenzione. Ma le storie più belle le raccontava Paolo, il fratello maggiore. Dopo una vita di traslochi – era ufficiale degli alpini –, si aggrappava a quel brandello di terra come a Itaca, l'unica cosa ferma della vita. Rievocava scorribande di un'infanzia brada e sapeva dirti con minuzia lo sbarco dei naufraghi della corazzata *Roma*, affondata a poche miglia.

Partii subito. Dall'imbarco di Stintino l'isola era ferma nel vento, contorta e color viola. Claudio Meucci, un sardo di pelo rosso, aveva messo il "porceddu" allo spiedo nel giardino di casa e invitato amici. Asinara era a mezzo miglio, ma lui aveva potuto metterci piede solo nel 1999, dopo la chiusura del carcere di massima sicurezza che aveva visto tra i reclusi anche il boss Totò Riina. L'emozione, disse, era stata pazzesca. Punta Scorno, col suo faro, aveva svelato un concentrato di profumi e rocce primordiali, davanti al mare arato dalla Tramontana. Ma il luogo era deserto. Asinara era già allora l'isola disabitata più grande del Mediterraneo.

Quella sera il vino propiziò i racconti. Evocammo guardie a cavallo sulla battigia, l'evasione del galeotto portato in gommone dalla moglie e la cattura di altri, finiti in roveti per conigli. "Ah l'Asinara," sospirarono in molti quella sera. Era la grande madre, perché era stata l'isola a generare il villaggio di Stintino in terraferma, e non viceversa. Era accaduto nel 1885, quando lo Stato aveva voluto l'isola, e quarantacinque famiglie di pescatori avevano dovuto andarsene e fondare un paese nuovo. "Non sono nata all'Asinara, ma mio nonno sì, e a me basta per sentirmi isolana," disse una donna prima di abbandonarsi a storie di camosci, asini albini e detenuti-giardinieri. "Quando il Levante bloccava l'isola tutti diventavano detenuti, anche le guardie."

La mattina partimmo a vela, con la barca di Antonio Fresi, skipper dal profilo greco, guardiaparco con permesso di attracco all'isola. In un mare piatto, da delfini, passammo luoghi di leggenda. La croce di ferro piantata dagli esuli dell'Asinara, l'ex tonnara, l'Isola Piana dove la famiglia Berlinguer in autunno portava le vacche, legate con una corda a una barca a remi. E poi lo Stretto di Fornelli, un tempo segnalato da fuochi, passaggio millimetrico popolato di relitti. Tutto in due miglia. Dall'altra parte c'era l'isola e Antonio raccontava mostrando i luoghi col dito: "Qui i detenuti facevano il bagno, lì zappavano la terra, lì giocavano a calcio. Molti piansero quando dovettero andarsene".

Si levò il Maestrale, la barca si inclinò e fece un bordo davanti alla casa di Falcone a Cala d'Oliva, poi attraccammo a Cala Reale, dove cominciò il grido degli asini albini. Razza endemica dell'Asinara senza alcun nesso con il nome del luogo, trottavano fra i ruderi della quarantena e palazzine popolate di cardi. Chiesi se fossero in fregola e Claudio rise, gli asini sono sempre in fregola, non c'è stagione che tenga. In assenza di umani, erano i padroni del territorio e se lo contendevano con morsi e ragli strazianti. C'erano anche cavalli selvaggi al galoppo, e un asino che li inseguiva affannato. Forse fiutava le femmine, forse credeva di essere lui stesso un cavallo. Fatto sta che il branco signorilmente rallentava per non lasciarlo indietro.

Alcune celle erano state trasformate dal parco in centro ambientale. Gli orti e i campi di grano pettinati dal vento erano spariti. Il mulino, il forno, la scuola, il mattatoio erano ruderi. Le scritte dei detenuti cancellate come una vergogna. Le brande buttate.

Salimmo alle case delle guardie per un viale di escrementi e mosche. Lo sgombero forzato del '97 aveva lasciato segni terribili. Vetri e materassi sfondati, mobili a pezzi, nidi di colombi. Per terra sacchi della posta, un gatto morto, schedari, un volume con nomi di ministri estinti, Scelba, Spagnolli, Ferrari Aggradi. I ferri suonavano al vento come corde di un pianoforte scordato. Il tetto era semicoperto di finocchio selvatico. Non era semplice abbandono, era furia demolitrice. I monarchi-reclusi si erano rivoltati contro l'ordine di sgombero. Nessuno voleva mollare quel paradiso: Asinara significava Roma lontana, pochi controlli, pesce e formaggio gratis, bellezza, aria libera. Alcune guardie, al momento dello sfratto pensarono: se questo posto non possiamo averlo noi, non sia nemmeno di altri. Così Asinara fu fatta a pezzi. In quattro si suicidarono, tra detenuti e guardie. Forse la vendetta del tempo per la deportazione di cent'anni prima.

In fondo alla baia, verso ovest, campeggiava una torre bianca. Con la residenza reale appena restaurata, sembrava l'unica cosa intera dell'isola. Era l'ossario dei prigionieri austroungarici della Grande guerra. Erano stati portati lì in quindicimila e la metà erano morti di stenti e dissenteria.

Qualcuno era di Trento, altri di Trieste, la mia città. Parlavano italiano, ma questo non giovò loro. Il molo scintillava di quarzo e fiorellini vibranti nel Maestrale. Sazi di silenzio, togliemmo l'ormeggio col vento che declinava. Finimmo all'ancora verso Fornelli per un sorso di vino, all'ora dei calamari.

L'IGUANA

Ma ora è arrivato il tempo che io descriva questa mia Isola misteriosa. Che tu ci arrivi da sud o da nord, la vedi per il lato lungo e sembra un coltello da tavola a punta tonda appoggiato con la lama in su. Il manico è a est e finisce in verticale. La metà verso il tramonto, più alta e di profilo curvilineo con il faro alla sommità, scende affilata verso il mare e, se parlassimo di un bastimento, sarebbe indiscutibilmente la prua. Lungo un chilometro e duecento metri e largo non più di duecento, il nostro scoglio è protetto quasi ovunque da precipizi tranne un varco segnato da un sentiero che porta all'unica spiaggia sul lato sud e un verde piano inclinato di brughiera sul lato nord. A oriente, quella che per noi è la poppa è seguita da un codazzo di isolotti e scogli minori che fanno dell'Isola un piccolo arcipelago.

Si sbarca su una spiaggia, dunque, sempre se si può chiamare spiaggia una distesa di ciottoli grossi come uova ai piedi di una parete strapiombante. Non c'è nessun attracco né traccia di molo. Per andare a terra devi saltare dalla tua barca sulla scialuppa fuoribordo manovrata dal fanalista che ti scodella sulla battigia. L'Isola non è buona nemmeno per calare l'ancora: se butta in Tramontana sei abbastanza protetto, ma se gira sullo Scirocco è meglio che fili alla svelta, perché non ci sono insenature né baie. Comunque sia, una volta arrivato puoi dire addio al mondo. Se sei uno costantemente connesso, sappi che il tuo telefono troverà un filo di campo solo in posti impossibili e alle ore più scomode. Se sulla spiaggia ti viene voglia di un aperitivo e non ci hai pensato prima, devi farti cinquecento gradini fino al faro e rovistare nella tua misurata cambusa. Il nostro eremo *non* è tante cose, per chi lo guarda con occhi di terraferma. Ma è un'infinità di altre cose se lo si osserva con l'occhio pelagico.

L'Isola è, per cominciare, una fantastica cattedrale di dolomia, coperta di licheni giallo senape e segnata da un'erosione che picchietta e incide le rocce di linee e punti che a prima vista paiono iscrizioni micenee, danze di guerrieri del Neolitico, o le antilopi incise sulle rocce del deserto dell'Hoggar. La fioritura primaverile è pazzesca e, in mezzo a quell'esplosione di colori, il silenzio è tale che il volo dei calabroni pare un frastuono. Piante come gerani, ginestre, aglio selvatico, enormi cuscini di fiori gialli: e tu non sai nulla di tutto questo, ti accorgi che in posti simili, più che apprendere, puoi solo misurare l'abisso della tua distanza dalla natura.

Dalla sommità si svela improvvisamente la muscolatura di un'iguana, ed è un rettile a tal punto che il suo baricentro, segnato da misteriosi ritrovamenti archeologici, porta un nome che in greco vuol dire "lucertola". La prima volta che la vidi fu da un aereo: traversavo il Mediterraneo da nord e mi parve un'altra cosa ancora, uno squalo con la bocca storta e la pinna sul dorso. Anche la visione zenitale diceva di un luogo violento, estremo. Me lo confermano, ora, le sue piante uniche, diverse da quelle di altre isole anche vicine, e l'aggressione degli odori è così forte che per qualche giorno resti come un ubriaco, incapace di esplorare il territorio. Scopri tutt'al più che i fogli del tuo taccuino sono troppo piccoli per l'enormità che ti circonda e troppo grandi per i tuoi miserabili pensieri.

Cala la sera. Porto una mezza bottiglia di bianco freddo e un taglierino di bruschette alle acciughe sul tetto della garitta per gli strumenti meteo, subito a ovest del faro, e mi godo la cosa più incredibile di questo posto: l'altezza. A cento metri di quota hai la vista di Zeus sul regno di Poseidone. Da qui persino un mare forza sette può sembrare piatto. Ma anche la dorsale dell'Isola mi pare di vederla per la prima volta, carica di energia tettonica, sistemata com'è su una linea inquieta di terremoti. Alle otto il faro comincia a roteare. È magnifico. Uno dei più potenti e alti fra Gibilterra e il Golfo di Alessandretta, e di certo il più potente e alto di uno dei mari che compongono il Mediterraneo.

La sera adesso è limpida. Il vento cala, i gabbiani gonfiano le piume, finalmente quieti. In basso, fermo sulla scogliera, un cormorano asciuga alla brezza le ali aperte. Il Sole scende veloce in mare, pare che lanci un ultimo grido. Non trovo le parole per descrivere la processione di macchie di luce che arriva sul mare da est, e dall'altra parte l'arcipelago di increspature svegliate dalle ultime raffiche, che arano il mare come una prateria. A sud, lontanissima, un'altra processione ma di navi. A nord, ancora più lontana, l'ombra di un'isola lunga come un capodoglio.

ARCIPELAGHI

Colpi sordi sui vetri della cucina rompono il silenzio della notte senza vento. Guardo fuori: grosse cavallette annaspano sul davanzale mezze tramortite, in uno sfarfallio di falene. L'orologio del corridoio segna le dieci. Due ore fa ho visto una squadriglia di rondoni formare una nube attorno alla torre del faro e alla stazione meteo. Non ne avevo mai incontrati fino a quel momento. Per mezz'ora hanno sparato i loro trilli di fame nella sera. Poi sono scomparsi nel nulla, così come dal nulla erano arrivati.

Esco. Ci sono poche stelle, ma quelle poche paiono di

fuoco. Qualcosa sta succedendo. Prendo una torcia e salgo in cima alla torre. Per capire il cielo, la lanterna è il più perfetto dei punti di osservazione. Mi siedo sotto la lampada rotante, nel timore di esserne accecato, e aspetto. Dopo dieci minuti ecco un altro colpo, ma molto più forte. Un uccello è finito contro i cristalli, faccio appena in tempo a vederne la massa scura afflosciarsi e cadere. Sarà grande come uno storno. Nell'ora che segue ne arriva un secondo, ma non riesco a indovinarne la sagoma. Di certo appartiene a una pattuglia di migratori esausti, imbambolati come falene dalla Fatamorgana. Non possono essere isolani: quelli conoscono la luce del faro.

Pare che un tempo, nei fari, ci si cibasse degli uccelli schiantati sui vetri della lanterna. Al mattino si raccoglievano, si spennavano e si salavano per i momenti di magra. Era, si dice, l'equivalente aeronautico della lampara. Il faro faceva ai volatili quello che il rogo di legna resinosa sulle barche faceva al pesce azzurro migrante. Ma qui non accade nulla di simile. Guardando dalla balaustra esterna della lampada, non vedo segni di piume o scheletri di animali sul tetto dell'edificio sotto la torre. Forse gli uccelli riescono a riprendersi dal botto e a ripartire. Forse gli uccelli di oggi sono più abituati alla luce elettrica e non si fanno fregare come accadeva un secolo fa. Ma la notte resta strana. Sembra che l'Isola navighi e che gli uccelli scappino da qualcosa, una minaccia avvertibile solo dagli animali. Come i cani che abbaiano prima dei terremoti.

Vado a dormire e piombo in un sonno brutale, quasi violento, poi verso mezzanotte sento bussare forte alla porta. La voce del farista mi chiama per uscire in mare. Strano: si è acceso un gran vento e non capisco come si possa pescare in una notte così agitata. Ma l'idea di una nuova avventura, e per giunta col buio, mi mette il diavolo in corpo e mi vesto in fretta. Quando apro la porta che dà sul corridoio, mi accorgo che nel faro non c'è nessun rumore umano e che nessuno sta per uscire. La cucina dei custodi è buia, il Comandante e il suo Secondo dormono il sonno dei giusti. Cosa mi ha svegliato? Solo dopo un po' capisco. È cominciato lo Scirocco.

Mi torna in mente che la mattina ho visto quei due fare una cosa insolita. Hanno tirato la barca molto più in secco di quanto non facciano abitualmente, issandola più in alto possibile, oltre la seconda scarpata di ciottoli. Di più: non hanno gettato le reti per domani, cosa strana per una giornata di sole, in presenza di un mare quieto che srotolava una risacca pigra dopo tanta buriana di Levante e Settentrione. Avevano capito in anticipo che stava arrivando un altro vento, il più temuto, quello che porta pioggia e burrasca. Il vento ardente di sud-est che dura anche tre-quattro giorni, invade il cielo col suo lamento e si infila in ogni fessura. Eolo preparava un'altra delle sue sorprese.

Passare una notte da soli con lo Scirocco che picchia è un'esperienza, e quella notte, a ripensarci oggi, mi parve di essere nudo davanti al portone di san Pietro col mio carico di vecchie giunture malconce e l'anima nera di peccati.

Mi assopisco cento volte, e cento volte sogno, mentre persino il Ciclope di pietra sembra vacillare nella tempesta. Sento oltre le nubi il cigolio di invisibili costellazioni ruotare come il faro attorno al mio corpo rannicchiato in posizione fetale e percepisco, fin quasi a uscir di testa, la centralità intollerabile di questa mia presenza solitaria nel cosmo. Sono, in tutto e per tutto, la longitudine e la latitudine che indicano la mia presenza nel nulla.

Mi alzo ogni tanto, barcollo verso il bagno a far pipì o a guardare allo specchio una faccia irriconoscibile, poi torno a barricarmi nelle coperte di lana come Gordon Pym nel ventre della nave sballottata dalla tempesta. Ascoltando le cannonate dei frangenti riprendo a sognare, ma è un sonno guardingo, un'allerta come di gabbiano in covata. Vedo labirinti, botole, giardini pensili. Le muraglie invalicabili tra me e il subconscio crollano rumorosamente una dopo l'altra, ma quel nuovo mondo mi fa paura, così cerco di non mollare troppo gli ormeggi verso quelle terre incognite che mi paiono l'anticamera del dissolvimento.

In quella notte in cui il vento ardente stringe l'Isola d'assedio scopro una dimensione nuova. Per la prima volta ricordo i sogni nel dettaglio. I risvegli non sono un trapasso morbido ma mi paiono simili a un soprassalto, come al ritrarsi da un burrone; constato che gli appunti sulle mie notti acquistano uno spazio mai avuto, surclassano le note sulle esplorazioni diurne. Che navigazione! Gli arcipelaghi dell'anima sono infinitamente più misteriosi e complicati di quelli reali. L'aldilà è a un passo; e io sono deciso a vivere fino in fondo questa percezione pelagica del mondo.

Fuori, con la pioggia, la notte sa di terra, non di mare. I gabbiani sono in subbuglio e lontano, verso la scogliera, credo di udire il lamento delle berte, sorta di albatros della specie delle diomedee che è quasi impossibile vedere, perché non viene mai a terra. Sotto di me si ramificano le fondamenta della montagna fino a una profondità inimmaginabile, e nel fondale essa mi pare alta tanto "quanto veduta non avea alcuna". Doveva essere così il Purgatorio, che la nave di Ulisse non raggiunse mai, perché un "turbo" l'avrebbe affondata facendola girar tre volte "con tutte l'acque".

Ricordo ogni dettaglio di quella notte. Cantai davanti alla finestra aperta sulla pioggia, come si fa talvolta in barca per vincere la paura della burrasca, cantai così forte che la mia voce rimbombò in me come un uragano. Poi rimasi come un naufrago, riverso sulla battigia dell'anima, sballottato dalla tempesta dei pensieri, finché a est il cielo si tinse di zafferano.

IL MONILE

Il lampo azzurro del Monile mi folgorò alle 02.35 precise. Lo ricordo perché guardai l'orologio. Mi ero svegliato come sempre a metà del sonno e ascoltavo le voci della notte: litigare di gabbiani, sciacquio sotto le finestre. Anche senza aprire gli occhi si capiva che era una notte diversa. Calma di vento improvvisa, profumo forte di brughiera. Preparai una tisana, la sorseggiai e quando feci per rimettermi a letto vidi, con la coda dell'occhio, quella luce nel vuoto, oltre il davanzale. Guardai meglio. La notte era popolata di fanali! Enormi, aureolati, pulsanti. Pareva che una flotta di transatlantici avesse invaso il mare. O come se il Ciclope avesse svegliato tutto un esercito di fari fratelli.

Spalanco la finestra e rimango a bocca aperta. Il versante sud è tempestato di stelle, le nubi sono sparite. Ma sono stelle nuove, non ne riconosco nessuna. La mia Isola è un'astronave che mi sta portando fra nebulose sconosciute. Mi sembra impossibile che a condurmi in un cielo straniero sia bastato un niente: l'orizzonte tutto libero e una latitudine nemmeno troppo diversa, per non parlare del buio da Luna nuova e dell'assenza di inquinamento luminoso. Poi penso che ci sono di mezzo anche l'ora, e la stagione insolita, per non parlare della mia straordinaria altezza sul mare. Possibile che la sommatoria di questi fattori minimali mi abbia sparato in un viaggio interplanetario?

La stella più sfolgorante appartiene a una costellazione mai vista. Qualcuno l'ha inchiodata alla sommità di un monile che pende sull'orizzonte marino da un semicerchio di stelle simile a un orecchio. Devo assolutamente capire. L'idea di non poter fare il mio punto nave mi inquieta, mi sento perso nello spazio. Mi butto una coperta sulle spalle, scendo le scale ed esco di corsa. Anso per l'eccitazione. Davanti al portone del faro, sul lato opposto della mia finestra, il cielo del Nord splende di diademi conosciuti. Riconosco il Grande Carro quasi allo zenit, taglio in diagonale sulla Polare, poi scendo sulla "emme" rovesciata di Cassiopea, un po' sopra l'orizzonte. Leggermente più in basso, a ore undici e a ore due, individuo il pulsare intermittente di due fari. Tiro il fiato: da lì ce la farò a risalire alle stelle del lato sud, sull'orizzonte celeste. Ho con me un vecchio planetario tascabile, orientabile con le ore della notte e le stagioni.

Ma da dove cominciare? Il cielo è sconfinato. Più lo guardo e più si dilata. Ho fretta, sento che questa straordinaria finestra sul cosmo è unica e irripetibile. Il cielo può richiudersi, e difatti una striscia diafana sembra già avvicinarsi da est. Poi guardo meglio: riluce anche questa! È la Via Lattea col suo sentiero di stelle. Il cielo sereno certifica la mia perdita di dimestichezza con la notte. Cerco di fissare qualcosa su carta, ma è un tormento. Devo accendere la torcia e questa mi acceca al punto che poi mi ci vogliono venti-trenta secondi per rivedere nella sua interezza la magia della notte. Qualcuno mi ha detto che per abituare al buio il nostro occhio ferito da troppe luci ci vogliono almeno sei ore. In Africa, ricordo, ci ho messo giorni per imparare a camminare nel buio della savana.

Rinuncio al planetario e torno sul versante sud, quello più mutevole con l'ora e le stagioni, e subito mi accorgo che la mia Isola lunga, allineata sul filo dei paralleli, è un ottimo planetario. Di più: lo stesso casermone del faro è un osservatorio come si deve, perché è stato traguardato sui punti cardinali. Il pennello della lanterna, roteando, sembra impartisca la sua pastorale benedizione al nord, all'est, al sud e all'ovest. Vedo senza ostacoli l'interezza dell'orizzonte celeste, sotto il quale pulsano miliardi di stelle australi. Guardo bene: perse in uno spolverio di luci minori, tre fiaccole ardono tra l'Orsa Maior e il Monile. Una è certamente Giove, pianeta di luce gialla e ferma. Le altre due le riconosco a fatica, scavando nella memoria. Vega, in alto. Arturo, più in basso. Sull'orizzonte marino, anche lì, qualche luce chiaramente terrestre. Una pulsa. È un altro faro. Il Continente!

Incredibile: la notte mi svela la terraferma e gli arcipelaghi che il giorno non è riuscito a mostrarmi. Vedo l'Europa, la Grande Madre. L'ombra nera dei suoi promontori lontani. Ma cos'è la mia stella azzurra? Che nome ha questo sfolgorante pendaglio? Cerco ancora nel planetario tascabile, una scatola contenente una pila di dischetti di cartone, ciascuno con un pezzo di cielo, ma le istruzioni sono banali e spoetizzanti. "Dato che... A partire da... È pertanto consigliabile." No, io non voglio questo. Io cerco una narrazione, mi manca un mago Merlino che pronunci forte quei nomi, li evochi per svelarne l'essenza e me li indichi col lungo dito ossuto sulla mappa del firmamento.

Le stelle le ho conosciute davvero a vent'anni, durante la naja. Nei turni di notte alla polveriera, con i cieli puliti della stagione invernale, mi mettevo nelle tasche della mimetica ogni genere di conforto, persino una bottiglietta di rum. E sempre, ripeto sempre, una strepitosa carta Hallwag delle stelle. Quando salivo sull'altana col fucile Garand per sorvegliare il passaggio dei tassi e delle volpi attorno al reticolato perimetrale, accendevo la lampadina frontale, aprivo la mappa e mi perdevo in un labirinto di nomi arabi – Deneb, Algenib, Altair – profumati di distanze, deserti e carovane. Quella mia ricerca clandestina, che mi avrebbe procurato gli arresti di rigore, dava a quelle stelle anche il gusto inimitabile del proibito.

La notte del Diadema è all'apogeo e voglio perdermi in essa. Abbandono il faro e scendo in silenzio lungo il sentiero a gradoni. Non c'è bisogno di torce elettriche: bastano le stelle, anche senza Luna. È una notte unica, una luminaria sterminata. Davanti al miracolo mormoro "Sternenlicht", parola tedesca inimitabile che evoca distese notturne di neve tra le betulle, con radure segnate dalle tracce delle lepri. Sono come Aladino davanti alla lampada. Il cielo straniero chiama a raccolta nomi stranieri, come in una litania, così vengono "Astèri", e "Zvijezda", e "Yildiz", e questi a loro volta tracciano alfabeti cuneiformi sull'orizzonte. Sono stregato dalla notte.

Arrivo al luogo che nella lingua del posto mi è stato indicato come Lucertola, o Salamandra. Sono al centro dell'Isola, e quel centro coincide col centro dell'universo. C'è una spianata con le tracce appena visibili di un'antica cappella dedicata a san Michele e di un insediamento neolitico. Ma qui l'astronomo spodesta l'archeologo. Il posto è un osservatorio stellare perfetto, da sempre. Pianto le gambe a terra, come per reggere a un urto, e guardo fisso negli occhi il Monile. Sta declinando veloce, e mi pare muoversi impercettibilmente. E lì capisco: il pendaglio non è un pendaglio ma una coda, simile a quella della salamandra. Era così ovvio. Sono davanti allo Scorpione! È stata la lucertola a chiamarlo.

Torno al faro e ho la conferma dal mio planetario. È lui, la bestia dalla coda al veleno. Sono felice. Ci sono arrivato senza bisogno di manuali. È bastato il buio a risvegliare la memoria. Ma forse non è stata nemmeno la memoria. Ho semplicemente ripercorso la strada degli antichi che hanno per primi dato un nome a questa costellazione. Benedico il silenzio della Rete. Mi ha consentito di scavare in me stesso, di entrare nella caverna di Alì Babà. Il segno zodiacale ormai tramonta in mare, e con lui la stella più luminosa, che – verifico – ha nome Antares.

I luoghi si visitano di giorno, ma si capiscono – anzi si sentono – solo la notte. Me ne sono accorto dieci anni fa, in Grecia. Ero solo, e non so cosa mi avesse preso di bivaccare sui faraglioni di Zante, nella chiesa di Aghios Andreas semidistrutta da un terremoto negli anni cinquanta. C'era solo un cartello stinto di legno a indicarla, ma egualmente ero sceso a piedi per un sentiero da capre. Alcune edicole con piccole icone e lumini punteggiavano la strada nel tramonto. Portavano nomi di santi – Elia, Dionisio, Dimitri o Maria – che nascondevano malamente gli dèi che li avevano preceduti. Forse per questo richiamo pagano ero stato attratto dal luogo. Le pietre appese al precipizio mi parlavano.

Tirava vento, l'ultimo Sole affondava in un mare omerico "color del vino" illuminando il Santissimo oltre i resti dell'iconostasi, e io avevo pensato di godermi quelle magnifiche rovine nella certezza di una pace assoluta. Avevo tirato fuori dal sacco pomodori, pane e formaggio greco, ci avevo aggiunto capperi selvatici cresciuti su un muretto sbilenco, e dopo un sorso di retsina mi ero messo ad aspettare il silenzio. Ma il silenzio non veniva. Era una notte dannatamente animata. Grilli, cani lontani, asini, capre, fruscii nella boscaglia. E poi quella densità pazzesca di oscuri dèi guardiani infrattati come fauni tra i corbezzoli e i ginepri.

Verso mezzanotte mi accorsi che un san Basilio mi guardava in silenzio. La Luna era sorta dalla montagna e attraverso il tetto sfondato del monastero illuminava un affresco pieno di santi. Dal mio sacco a pelo vidi una processione uscire dal buio e farsi strada verso l'uscita. Eusebio, Timoteo, Giovanni Crisostomo e altri andavano sotto le stelle verso il portale aperto sullo Jonio immenso e nero. L'ultimo era Basilio, che roteava gli occhi infossati. La Luna aveva ridato colore all'affresco sbiadito dalle intemperie, e i gerarchi erano là, terribili, schierati come i dignitari di Bisanzio nel mosaico di Sant'Apollinare a Ravenna.

Non avrei mai più visto una notte simile. Presi freneticamente appunti fino all'alba. Scrissi: "Mantide religiosa, un geco che tenta di prenderla. Geco che batte in ritirata, lancia il suo sordo richiamo. Colonna di formiche illuminata dalla

Luna. Brucare di capre. Cane color del miele entra nella chiesa, mi annusa, poi mi si accuccia vicino e si fa carezzare". E ancora: "Vento sibila tra le pietre come un'arpa eolica. I santi tornano nel buio. Luna scende a perpendicolo nello Jonio color zinco. Dormiveglia con litanie e parole greche antiche, 'anthropos', 'ouranos'. Primi galli sulla montagna, scricchiolio delle pietre all'alba". Le vecchie pietre parlavano, ne ero sicuro. Non occorreva che fossero abbandonate da secoli. Pochi anni bastavano per instaurare un rapporto. Era sufficiente che il vento ne diventasse inquilino.

Manca poco all'alba. Lo Scorpione è tramontato da un'ora. Ho la certezza che qualcosa si sia rimesso a posto anche in me. Mi faccio due fette di pane caldo col miele, poi metto un altro tè a bollire, ma subito spengo il fuoco e decido che la notte merita un bicchiere di vino bianco. Alle cinque brindo con la Malvasia di casa. Alle sei il cielo si richiude nelle nubi cancellando gli ultimi diademi. Chissà quando rivedrò mai lo Scorpione.

LA MANTIDE

Ore 23.00, debole Tramontana, visibilità illimitata. I fari delle altre isole pulsano, in rotta di collisione con la mia astronave. Paiono così vicini che, di luce in luce, con un'opportuna triangolazione, potrei disegnare il Mediterraneo da Gibilterra al Golfo di Alessandretta. Percezione topografica totale, unita a senso acuto dell'effimero. Senso di vulnerabilità di queste torce assediate dai marosi, dalle guerre e dall'incuria degli umani. Le chiamo per nome. Lavezzi! Pelagosa! Cnido! Formentera! Capo Spartivento! Un colpo di vento basterebbe a spegnervi, signori della notte. Voi, padri, fratelli, tante volte cercati e invocati. Voi sempre ritrovati con un tuffo al cuore in fondo al mare nero.

Il faro di Punta Tamelos, la porta delle Cicladi. Non posso dimenticare quando lo conobbi, sulla rotta dal Pireo a Paros, con vento regolare a dieci nodi e Luna piena. Appena passati i faraglioni di Capo Sounio col tempio di Poseidone, fatidico giro di boa per chi punta sull'Arcipelago, la sua luce ci chiamò dal lato sud dell'Isola di Kea, a indicare il varco con Kythnos. Era piccolo, ma immancabile, decisivo per chi navigava verso sud-est. Lo sfiorammo quasi. Stava in cima a un precipizio, sull'orlo di un pendio arido e lunare. Non so perché si tace, quando si passa sotto un faro. Forse si sentono gli dèi che lo abitano. Noi quella notte tacemmo. E gli dèi volteggiavano fra la torre e la bandiera ellenica bianco-blu sbattuta dal vento.

Anni dopo rividi Punta Tamelos da terra. Kea è un'isola montagnosa, e dal suo crinale potevamo vedere l'Eubea, la massa lunga e articolata di Andros e Syros. Nelle belle giornate lo sguardo arrivava al Peloponneso, verso Epidauro, e dall'altra parte spaziava fino a Paros. Sui due lati dell'isola, il traffico di navi era continuo. Passavano anche i traghetti turchi diretti a Trieste. Li vedevo imboccare lo stretto fra Andros e l'Eubea e puntare su Capo Matapan per girare verso lo Jonio. In mezzo a tutto questo, il faro di Tamelos era un trono, una strategica "quota falchetto" con vista aperta su tre quarti dell'orizzonte marino.

Era ottobre, e la nitidezza di quelle notti autunnali si avvicinava a quella dell'alta montagna o del deserto. L'Egeo era una costellazione di nebulose a filo di mare. Quanto al cielo, col buio sapevi sempre che ora era, senza bisogno di orologio. Dal paese di Ioulis, dove abitavamo, bastava guardare a che punto era Orione. La torcia di Sirio usciva per ultima dall'emisfero sud, verso le quattro del mattino, ad annunciare il canto dei primi galli, che a loro volta avrebbero svegliato il raglio straziante dei primi asini, dei quali l'isola, impervia e poco adatta alle automobili, era ancora piena. Era l'ora magica in cui la topografia delle voci si sovrappone a quella delle luci. Solo i gatti erano rimasti svegli per tutta la notte.

Il giorno che andai al faro ero con Irene, la mia compagna. Irini, anzi: quelli dell'isola l'avevano subito ribattezzata alla greca. Gli ultimi tre chilometri li facemmo a piedi, anche noi in silenzio, abbacinati dalla luce del Sud, in una landa desertica coperta di cespugli spinosi. Solo i ciclamini ingentilivano quella terra rude. La parte abitata dell'isola era finita. Niente più terrazzamenti, campi coltivati, strade asfaltate. Anche le piccole chiese greche, onnipresenti sulle alture e nei crocicchi, erano scomparse. Solo le capre abitavano quello spazio che portava, non a caso, il nome di Petroussa. Contorte rocce plutoniche scintillavano colando verso lo scudo del mare spazzato dal Meltemi. Sul versante est, il monte nascondeva le magnifiche rovine di Kartheia, raggiungibile solo dal mare o, da terra, per erti sentieri.

Dopo una curva, in fondo a una discesa disseminata di asfodeli, il faro apparve, intonacato di un bianco accecante. Pareva più piccolo di come l'avevo visto dal mare. Non era abitato e non c'era alcun cancello. La lampada era spenta, ma girava in silenzio, dietro ai vetri resi opachi dalla salsedine. Con la bandiera, era l'unico segno di vita. La terrazza sul mare, anch'essa di un bianco calcinato, ti ubriacava di vento e pareva un trampolino per deltaplani. Vedemmo subito che la porta era chiusa malamente con un lucchetto e cigolava per le correnti d'aria. Sul lato della cisterna il vetro della finestra era rotto. Bastò infilare la mano per girare la maniglia ed entrare. Dentro, l'abbandono sembrava rappresentare l'agonia dello Stato.

Oltre allo scheletro di una ricetrasmittente e un quadro comandi in un pannello vetrato, salimmo per la scala a chiocciola in metallo, malferma e coperta di calcinacci. Il passaggio era così stretto che bisognava mettersi di traverso. La lampada era di sopra, in balìa di chiunque. Non potevo crederci. Qualsiasi malintenzionato avrebbe potuto spegnere la principale delle luci fra l'Attica e le Cicladi. Il marchingegno meccanico era stato sostituito da uno elettronico. Sul basamento della lampada, due scatolette di cartone con la scritta LUMAX BULBS, due chiavi inglesi, una lima arrugginita e un metro da falegname. La porticina per uscire sul ballatoio, semiaperta, era attraversabile solo a quattro zampe. Sul cardine stava di guardia una mantide, unica cosa viva lì dentro. I vetri erano sporchi, nessuno li puliva da mesi, se non da anni.

Sul ballatoio instabile, in ferro e pietra, il vento fischiava nelle fessure. Ma gli dèi c'erano ancora. Come nelle cento chiese e nei cento capitelli ardenti di candele che punteggiavano l'isola, anche lì c'era una lampada esposta alla pubblica fede. La parentela tra fari e luoghi di culto era trasparente. Mormorai una litania con i nomi dei santi, la voce bassa dell'archimandrita: "Aghios Joannis, Aghios Athanasios, Aghios Ghiorghios, Aghios Kostantinos, Aghios Symeon, Prophitis Ilias". E poi: "Aghia Varvana, Aghia Ana, Aghia Irini". L'abitacolo della lampada li amplificava. Mancava solo lui, Aghios Pharos.

Ricordai che all'ingresso del porto, sul lato opposto dell'isola, il faro di San Nicola inglobava la chiesa nel corpo di fabbrica. La luce e la campana si fronteggiavano e l'arrivo delle vele poteva essere salutato dall'una come dall'altra. E anche lì, tra i calcinacci di Tamelos, sentivamo di violare un perimetro sacro, qualcosa come entrare nello spazio dell'iconostasi, il tramezzo che in Grecia segna il luogo dove solo il sacerdote può entrare. La torre ci possedeva, il vento soffiava ovunque, non c'era modo di stare al riparo. Scendemmo le scale, richiudemmo la finestra rotta e ce ne andammo in silenzio così come eravamo venuti.

Ah, voi che di bolina battete le strade del mare, se mai avete amato la Grecia, se mai vi siete fermati a bere un sorso di retsina in un porticciolo con una sola osteria, se mai avete coscientemente masticato le parole greche (e sono mille e una) del vostro vocabolario straniero e se mai avete pronunciato la parola "pelago", voi che navigate, se una volta sola, una soltanto, avete gioito alla vista di un faro mediterraneo e avete un gruzzolo da parte, regalate all'Isola di Kea il poco che basta a restituire dignità a quel nobile manufatto. Non per comprarvelo, ma per gratitudine. Quel faro, simbolo di tutti i fari.

Quanti ricordi, questa notte sull'isola perduta. I fari dimenticati mi chiamavano. Fari abbandonati, chiusi, disabitati, automatizzati, ma tutti con un'anima. Quelli dello Jonio, specialmente. Fari italiani. Il primo lo vidi in un viaggio a Capo Colonna, sulle orme di Annibale. Lì, a sud di Crotone, su faraglioni aperti ai venti d'Oriente e al sorgere del sole, non c'erano solo un tempio dedicato a Era e il fantasma di una stele di bronzo distrutta dai Romani, dove il cartaginese aveva inciso le sue gesta prima di lasciare l'Italia. A Capo Colonna c'era anche uno dei fari più belli d'Italia, che quel giorno mi apparve solido come una testuggine, aggrappato a uno strapiombo sulla scogliera strapazzata dai frangenti.

Suonai il campanello, nessuna risposta. Un cartello sul filo spinato diceva LIMITE INVALICABILE, ZONA MILITARE. Andai nel bar lì vicino e il tipo al bancone mi ispirò. Aveva gli occhi azzurri, la pelle segnata dal sole e aveva messo su musica greca. Mi servì un panino al salame piccante e una birra senza dire una parola. Gli chiesi del faro. Brontolò che ne erano rimasti pochi, disse che il demanio li avrebbe venduti anche tutti e subito per far cassa. Gli domandai se ce n'erano di abbandonati in giro, e lui disse di sì. Ce n'era uno a nord-ovest, sempre sulla costa jonica, ma non ne ricordava il nome.

50

Tornai dopo aver letto un libro di Enrica Simonetti, una collega di Bari che aveva scritto cose affascinanti sulle case di luce della costa italiana, e constatai che alcuni magnifici esemplari erano situati fra Puglia e Calabria. Enrica mi parlò dell'isola selvaggia di Sant'Andrea davanti a Gallipoli, con un faro già allora non più presidiato. Mi disse di quello di Punta Alice, funzionante ma disabitato, su un promontorio sabbioso poco a nord di Crotone. Poi disse: "Capo Trionto", e subito il nome mi piacque. Pareva quello di un fauno. Sapeva di Grecia antica. Il faro era definitivamente dismesso, non dava più luce e cercava probabilmente un compratore. Disse Enrica che c'era una sola persona in grado di darmi notizie fresche sul luogo. Era Francesco Séstito, farista figlio di un farista e padre di un farista. Memoria vivente dello Jonio.

Trionto... Trionto... Il nome mi diceva qualcosa. L'avevo già sentito, tanto tempo prima. Poi ricordai: Pino, il compagno di classe del liceo, velista e figlio della selvaggia Asinara, ci era stato tanti anni prima. Lo chiamai al telefono ed ebbi conferma. Ci aveva passato un'estate, ospite del farista, che era zio della sua ex moglie. Me lo descrisse come "una bianca torre sottile, isolata e solitaria tra i canneti", con alla base la casa del custode, il deposito degli attrezzi e il forno per fare il pane. Non c'era tv, le sere si passavano raccontando storie. "Per me fare il guardiano di un faro era un sogno, ci avrei messo la firma. Ma già allora i ruoli erano a esaurimento. I faristi andavano in pensione e nessuno li sostituiva."

Trovai il telefono di Francesco Séstito. "Capo Trionto? Ce ne sono di più belli," disse. "Quello non lo cura più nessuno da vent'anni e può crollarle addosso." Era esattamente quello che cercavo, una nobile rovina. Ma non glielo dissi. "Vada piuttosto a Capo Rizzuto, dove sono nato io," insistette Séstito. "Visiti quello di Capo Colonna, dove ora lavora mio figlio. È un gioiello. E veda assolutamente Capo Spartivento. Anche Punta Alice è bellissima. Ho lavorato per anni

51

e anni in questi posti, e in altri ancora. Di bei fari ce ne sono, creda a me che conosco ogni metro di costa." Insomma, quello di Trionto era l'ultimo della sua graduatoria, ma io proprio lì volevo andare. Gli diedi appuntamento in un bar di Crotone.

Cominciò dicendo: vita dura, quella del farista. "L'inverno non finisce mai. Vento, pioggia, correnti. E una volta era peggio ancora. Niente telefonini, si era isolati sul serio. Si stava svegli la notte e si andava a letto alle sei di sera." Spiegò: "A Capo Colonna e Crotone bisognava andarci a remi perché non c'era strada, e con la pioggia il terreno argilloso diventava sapone facendo scivolare l'asino. Bisognava portare la scorta di cibo, farina e legumi. E riempire la cisterna". E ancora: "Povero papà, doveva girare la manovella dell'accensione. E la mamma, che stava con lui, azionava il decompressore". Ma dopo l'elenco delle tribolazioni trasse una conclusione inattesa: "Il farista è un re," quasi ghignò di trionfo, "lavora quando e come vuole. Nessuno ti dice: fai, alzati, muoviti... Sei libero!". E rievocò favolose pescate dei tempi passati.

Sulla strada per Trionto visitai Punta Alice, un posto dove una quarantina d'anni prima l'amico Mallardi aveva fatto pesca subacquea, e dove a suo dire "c'erano in mare più cernie che ricci". Il terreno era piatto, ventoso e coperto di canne. In mezzo, il faro ancora funzionante mostrava grondaie cadenti ed erbacce dappertutto. Una trentina di chilometri oltre, Capo Trionto apparve completamente diverso da come l'aveva visto l'amico Pino. Il faro non era più solo. Intorno c'erano casette semiabusive, roulotte, cani randagi. Piccoli rom giocavano sulla battigia. La casa del custode, di architettura fascista color rosso pompeiano, era allo sfascio. La torre era circondata da sterpaglia alta due metri e per raggiungerne l'ingresso sarebbe servito un machete. Ma andai lo stesso.

Il faro non assomigliava a nessun altro. Non era banalmente cilindrico. Aveva un bulbo basale che si restringeva a due terzi d'altezza per poi allargarsi di nuovo, come una fiasca d'osteria; ma era decisamente più snello, sottile al punto da sembrare lo stelo di un giglio. Così sottile che mi parve impossibile che potesse contenere la scala di ferro per arrivare in cima. Eppure teneva botta da più di mezzo secolo, solo contro il Levantazzo e i frangenti della tempestosa costa calabrese, a due passi dal Pollino. Trionto, col suo nome dionisiaco, era il più appartato dei fari abbandonati d'Italia.

Per arrivare in cima non c'era scala a chiocciola, ma quattro rampe ripidissime in ferro pesante. In cima, i vetri c'erano ancora, incrostati di salsedine. Era giugno, il sole era già sceso oltre il Pollino, il mare aveva il colore ambrato che solo il Mediterraneo sa offrire. Nello Jonio galleggiava una barchetta di pescatori, sospesa in una bolla senza vento. Poi una tenebra di grilli si divorò la casa della luce. Trionto: quando me ne andai mi sorpresi a parlargli. "Perché non ti accendi, vecchio mio?" Ma quello mi disse "togliti dai piedi". E mi guardò storto, con la sua unica orbita vuota, come Polifemo.

LA LAMPADA

Una lampadina da dodici watt grande come un'unghia. Ecco cosa c'è nell'occhio del Ciclope, uno dei più potenti fari del Mediterraneo, una macchina capace di penetrare la notte anche per un diametro di settanta miglia, la distanza tra l'Africa e Mazara del Vallo; una spada di luce che, se lanciasse il suo raggio in verticale, sarebbe vista anche dai satelliti, così come nelle notti serene noi vediamo la luce intermittente dei satelliti a occhio nudo. Non so perché ci ho messo tanto a guardare dentro i cristalli concentrici dell'apparato ottico. Stamattina ci ho ficcato il naso e ho trovato –

53

sbalordito – una capocchia di spillo, dodici watt per sessanta volt, come una miserabile lampadina di automobile. Il viaggio nel mondo dei fari ricomincia da qui. Dalla scoperta che la potenza di una lanterna di mare non sta in un nucleo ardente di energia inimmaginabile, in un nocciolo tipo centrale nucleare, ma nel fantastico gioco di prestigio di alcuni prismi capaci di moltiplicarla.

Quando l'ho vista, lì nella mia Isola perduta, la lente di Fresnel – così chiamata dall'inventore di quel sistema mondiale – avviluppava la lampadina con un gioco di cristalli simile a un carciofo, o un ananas, largo circa un metro, e sfruttava un effetto per me indecifrabile di riflessi e rifrazioni capaci di potenziare all'infinito la luce diffusa e concentrarla in un unico raggio attraverso un'iride di cristallo chiamata "occhio di bue". E siccome la lente teneva conto anche dell'intermittenza del fascio luminoso, della durata dei suoi lampi e dei periodi di buio misurati sulla velocità di rotazione (ritmi diversi, stabiliti ormai da due secoli per tutti i fari del mondo), era chiaro che ogni torre di luce doveva avere una lente di Fresnel costruita su misura. Quel capolavoro millimetrico ti costringeva quasi a prostrarti, come davanti a una divinità, un enigma. O la pupilla di una sfinge.

C'è un mondo, nascosto in quel mirabile arnese. Se l'isola è il centro di un mare – la nostra lo è –, e c'è un faro che sta al centro di quell'isola, allora è proprio il faro il centro euclideo di quel mare. Ma dato che niente come la lampadina sta al centro di un faro, allora possiamo trarre la conclusione che, anche geometricamente, quella fonte di luce appena più grande di uno stuzzicadenti può essere, a tutti gli effetti, il punto di mezzo del nostro regno delle acque. Se infine teniamo a mente che il Mediterraneo sta al centro delle terre che formano Europa, Africa e Asia, possiamo portare al limite estremo la nostra visione e dire che proprio quel filamento di una frazione di millimetro può legittimamente dirsi punto di mezzo di tre continenti vasti migliaia di chilometri quadrati. Così viene da pensare, quando si trascorre qualche ora lassù, di notte, col vento che scardina i vetri, davanti a un cristallo che ti cattura come l'iride di un gatto nel buio. Si passa un portale, si entra a contatto con un mondo "altro". Credo esistano pochi simboli più forti di una candela che arde nel buio e ti indica la strada. Il guardiano del faro, oltre che un re, è un sommo sacerdote. È il genio della lampada di Aladino, anzi di più, perché nel suo caso il fuoco galleggia sul suo elemento antagonista, l'acqua, e non deve spegnersi a nessun costo, come nel caso delle vestali.

Nel momento in cui il piatto con la lampada e la lente comincia a muoversi (certi ruotano ventiquattr'ore su ventiquattro, altri si muovono solo dal tramonto all'alba), cadi in preda a un effetto ipnotico, che ti fa credere che sia la torre stessa e non la sua luce a ruotare. Quando da bambino, a Trieste, visitai il faro della Vittoria – una magnifica torre di oltre sessanta metri costruita per celebrare l'annessione di Trieste al regno d'Italia – e il piatto fu fatto girare col semplice tocco di un dito indice sopra il suo bagno di mercurio ad attrito zero, ebbi l'impressione che il mondo vorticasse intorno alle vetrate e alla balaustra. Ricordo che vidi girare le strade, la montagna, la ferrovia, gli uomini-formiche e il mare stesso arato dalla Bora, e dovetti aggrapparmi alle braghe del fanalista.

"L'incontro con un faro in assenza di navigazione satellitare," mi spiegò un giorno in Bretagna lo scrittore navigante Dominique Le Brun, "ha del miracoloso. Tu lo cerchi, lo chiami, sai che lui ti aspetta, poi ne vedi l'alone, e solo dopo parecchi minuti ti appare il punto luminoso, con la sua precisa frequenza intermittente. Il colore lo distingui dopo, quando sei più vicino, e allora esulti, gli dici: eccoti, ti ho trovato! È un rapporto di complicità, un legame di amicizia profonda. Oggi il Gps ha tout cassé, ha completamente falsato la nostra percezione della natura, ha atrofizzato una sensibilità accumulata in secoli e secoli di navigazione. In definitiva, ha riempito il mare di cretini."

A Trieste, quando voglio farmi raccontare storie di tempeste e bastimenti, vado allo Skipper Point, un bar ventosissimo sulla riviera di Barcola, a sentire capitan Sandro Chersi, uno che non ha scritto forse neanche un rigo in vita sua ma sa narrare come pochi. Per una noia alle corde vocali, la sua voce è poco udibile e gratta come un vecchio settantotto giri, ma è proprio questo che lo ha obbligato a ridurre il suo parlare all'essenza più mirabile, come un esametro greco o una pietra levigata dalle tempeste. Quando navigo con lui, incredibilmente sento solo i suoi comandi sussurrati, capaci di andare oltre la voce assai più forte del vento e delle onde. Bere con lui un calice di Malvasia può essere il preludio di mille e una meraviglia, un godimento per l'anima; e siccome gli scrittori altro non sono che ladri dei racconti a voce fatti da altri, spesso mi attacco alla sua compagnia allo scopo di perpetrare qualche furto con destrezza. Lui lo sa benissimo, e gli va bene così. Ho persino il sospetto che mi sia vagamente affezionato. Ma ora è tempo che dia a Cesare quel che è di Cesare.

Ricordo quando mi narrò l'avvistamento del faro di Pelagosa, che in Adriatico è impossibile mancare durante la regata Rimini-Corfù. "Stai a testa alta al timone e non dici niente... Quello è un luogo che ti fa capire che, oltre al lumino della tua esistenza, c'è l'incommensurabile nulla... Quello strapiombo è la rappresentazione del mistero, sei davanti a qualcosa che ridicolizza le miserie degli umani... E poi di notte, con calma di vento e le stelle, puoi sentire le generazioni passate su quella rotta prima di te..." Così diceva, per poi dare la stura a una delle sue consuete sequele di invettive contro la modernità che ha ucciso i fari con il Gps per poi svuotarli della presenza umana con l'automazione. Il faro di Pelagosa, lui lo sapeva, era uno dei pochi ancora abitabili e governati da uomini. Ed erano di sicuro uomini con la U maiuscola.

Una sera triestina l'avevamo passata a spritz e patatine allo Yacht Club Barcolana, insieme al due volte campione del mondo Daniele Degrassi, e ascoltai i due lupi di mare descrivere i più bei fari del mondo. Capo Finisterre, il re delle tempeste in Bretagna. Capo Leeuwin in Australia, a strapiombo su onde d'acciaio sotto un sole abbacinante. E poi il Fastnet – ma certo, il Fastnet, in Irlanda! –, giro di boa di una delle regate più pazzesche di tutti i mari, "il più bello come forma e proporzioni", dove per veder passare i concorrenti "sbucarono dalla nebbia decine e decine di barchette con famigliole irlandesi a bordo, in un mare che era quasi tempesta". E poi, perché no, i "nostri" fari adriatici, e per "nostri" i due marioli intendevano ovviamente gli indistruttibili bastioni che a partire da Trieste la defunta monarchia austroungarica aveva distribuito sulla costa orientale.

Tramontava, il mare aveva color del vino come nelle storie di Omero, e io sentivo frasi del tipo: i fari vanno attesi, cercati... sono i tuoi parenti stretti, sono mamma e papà... ma oggi con la navigazione satellitare la magia è finita... puoi prevedere al minuto secondo quando li vedrai... e poi, che siano accesi o spenti non cambia. Cose così. "Sai qual è stato il faro più deludente della mia vita?" mi chiese Sandro a bruciapelo. Ovviamente non potevo indovinarlo. Il capitano rispose: "Portorico, perché è stato il primo che ho visto col navigatore satellitare". Sopra di noi, l'immenso faro della Vittoria, con in cima l'angelo dalle grandi ali aperte, sembrava annuire con i primi lampi nella sera.

Sull'evoluzione dei tempi, capitan Sandro aveva idee chiare. Dopo la battaglia di Lissa del 1866, vinta dagli austriaci con equipaggi adriatici contro un'Italia in prevalenza tirrenica, qualcuno aveva sentenziato che "uomini di ferro su barche di legno avevano battuto uomini di legno su barche di ferro", per dire che la flotta italiana, più moderna, era stata sgominata da indomiti marinai della vecchia guardia. Quella sera Chersi completò la parabola della degenerazione dicendo in dialetto, con un lampo negli occhi: "Ogi gavemo omini de merda su barche de plastica".

Non posso dargli torto. Se sono scappato su un'isola solitaria è anche per parlare al mare senza l'orda degli arroganti tra i piedi.

BALENE

Esistono fari invisibili. Torri di luce perdute che cerchi e non raggiungi mai. Per terra e per mare. Terra o mare, a dire il vero, cambia poco in posti come Point Hope, nell'estremo Nord dell'Alaska. Sembra impossibile, a pensarci, in un luogo simile, che si eleva come il purgatorio sulle acque primordiali, ma è così. A Point Hope la terraferma è piatta e liscia come un obitorio, graffiata dall'artiglio di ghiacciai scomparsi, incisa per centinaia di chilometri da indecifrabili striature che la neve riempie tessendo bianche ragnatele. Traiettorie simili a stelle filanti, come se la terra portasse incisi antichi segni celesti. Come concepire, da un mare montanaro come il Mediterraneo, una terraferma che diventa puro miraggio e non ha più consistenza dell'ombra di una nuvola sul mare? Da quelle parti, dopo le prime deboli nevicate sui licheni, dalle parti del Passaggio a nord-ovest, le isole, viste in controluce dall'aereo, paiono macchie iridescenti di nafta in una superficie traslucida come zinco, increspata qua e là da zampate di vento. L'occhio non ha niente cui aggrapparsi, né promontori né falesie come in Bretagna, Irlanda e Scandinavia. La Terra è un ammasso di brandelli stinti, stracci a mollo nella candeggina.

Per arrivarci, qualche anno fa, avevo viaggiato su un turboelica, perso in un sandwich tra due strati di nubi, e l'ombra iridescente dell'aereo era ben visibile sul dorso della bambagia. Nove passeggeri per un viaggio di milletrecento chilometri, come da Milano a Tunisi. Sotto, non un paese, non una montagna, non una strada. A bordo avevo fatto conoscenza con i primi indigeni, una via di mezzo tra il cinese e il pellerossa. Una giovane allattava il suo cucciolo sul sedile accanto e mi parlava così piano che per capire dovevo avvicinarmi in modo imbarazzante. Agli Inuit devi parlare a bassa voce, se no si spaventano. Nell'aeroporto d'arrivo sbarchi e imbarchi si concentravano in un'unica stanza surriscaldata di venti metri per venti, stipata di personaggi rudi, vestiti alla buona, di stazza superiore alla media. Cacciatori, pescatori, balenieri, viaggiatori di terre estreme. Colli taurini, spesso più larghi delle teste che supportavano. Dalla stiva dell'aereo, metà cargo e metà passeggeri, erano uscite su nastro trasportatore quintalate di verdura fresca per le navi rompighiaccio in missione al largo.

Ero appena arrivato a Barrow, un villaggio inuit di tremila anime, e gli avventori del Brower's Cafe mi avevano detto: vai a vedere il capo di Point Hope, segnato da un vecchio faro. Il caffè era il più settentrionale delle Americhe, con vista su gigantesche costole di balena piantate nella ghiaia nerastra della battigia. La birra sciolse le mie esitazioni, e fu così che infilai il giaccone e presi fiducioso la strada del nulla in mezzo alla bruma. Era fine settembre e non sapevo che, di quel nulla, l'Artico può offrire una rappresentazione persino più estrema del Sahara, specie a settembre, quando muoiono la luce e i colori e il tempo cambia all'improvviso. A Barrow capita di andare a dormire in una sera brumosa di pioggia e di ritrovarsi al mattino col termometro a meno venti, col mare che passa in dieci minuti da zero gradi al pack. La gente, che lo sa, non esce mai di casa senza vestiti caldi di riserva, guanti grossi, cappello di pelliccia. "Arctic is a wild place", l'Artico è un posto selvaggio, ammoniscono. E tu ti chiedi cosa sarà a meno cinquanta.

Andai in macchina, poi a piedi, seguendo la linea bianco sporco di una duna. Avevo letto un opuscolo sui fari alaskani e i loro nomi leggendari mi avevano conquistato. Point Sherman, Lincoln Rock, Sentinel Island, Cape Decision. Roba per uomini duri. Trovai solo ruderi, e magari non erano nemmeno quelli del faro. "No lighthouses around me," mormorai, e continuai da solo, fino a quando davanti non ebbi che l'Artico, uno spazio grigioazzurro dai riflessi opalini, sovrastato da vapori biancastri, piallato così regolarmente dal vento che avrei potuto veder emergere il naso di un tricheco a un miglio di distanza. Solo allora decisi di prendere la strada del ritorno.

Arrivai a Barrow a ora di cena, con vento forte, nubi basse che rotolavano sulla tundra e una pioggia gelata che pungeva le guance come aghi. Seppi che Nuvuk era il nome originario del posto. Gli eschimesi vi cacciano le balene da generazioni. Attorno all'aeroporto, la luce radente illuminava un arcipelago di casette distanti una dall'altra, perse in un reticolo di strade rotte dal gelo e di acquitrini coperti d'erba rossastra. Le antenne paraboliche erano tutte puntate verso il basso, segno infallibile della nostra latitudine. E poi quella spiaggia funebre, color antracite, disseminata di ossa di cetaceo, e lo spazio aperto sul Polo, milleottocento chilometri di banchisa e mare aperto. Ma forse la cosa più inquietante era che la strada era deserta. Nessuno che andasse a piedi.

Quelli del Brower's Café mi soccorsero con grog bollente, brontolando che in testa avevo troppa letteratura. Il faro era spento da anni, che diamine. Il gelo e le mareggiate l'avevano distrutto. Pensavano lo sapessi che a Point Hope abita solo la leggenda. I fari del Grande Nord erano rimasti in pochi e quasi tutti sulla costa del Pacifico. In maggioranza erano crollati, dismessi, in vendita o in affitto. Al Nord non c'era più niente, solo rovine, e la navigazione era ormai satellitare. Nemmeno il mitico faro della penisola di Seward, sullo Stretto di Bering, che avrebbe dovuto splendere per sempre sul muso dell'orso sovietico in nome della democrazia, era sopravvissuto alla modernità. Costruito nel 1904, abbattuto da uno tsunami nel '46, ricostruito nel '59, abbandonato nel '79, era stato demolito nel '99. Una meteora, nemmeno un secolo di vita. Niente fari sull'Artico. E quando chiesi perché, esplosero in una risata: "Oh my God", la luce non serve in un mare dove, per tutta la stagione navigabile, il Sole non tramonta. Ci rimasi male. Come avevo fatto a non capire. Point Hope Light era stato solo un simbolo, una bandiera. Ero nella terra dei fari perduti.

A un certo punto un tipo della stazione meteo mi chiese rudemente dov'erano i miei compagni di viaggio. Risposi che ero solo e da solo ero andato a Point Hope. "You are crazy," fecero in coro quelli del bar, e smisero di ridere. Nessuno, mi spiegarono, va in giro da solo a piedi, con gli orsi bianchi nei paraggi. Ora che la banchisa si scioglie, quelli cercano da mangiare a terra, entrano in paese attirati dall'odore di cibo. Dissero: senti un po', italiano, quelli non vanno mai in letargo, sono armadi ambulanti pronti a divorarsi un uomo. Qui nessuna madre sensata lascerebbe andare a scuola i figli senza aver sentito il bollettino orsi alla radio. Il bollettino orsi? Sicuro: leggi qua. "Segnalato un orso nei dintorni del grocery store in zona aeroporto..."; "Attenzione. A ovest della City Hall, avvistato un adulto pericoloso nella zona delle paludi..."; "Carcassa di balena spiaggiata a nordest di Browerville, un branco di sette orsi la sta divorando, restare a distanza prudenziale...". Ma nessuno si fida nemmeno della radio: gli Inuit e i bianchi girano a bordo di robusti scooter, e sempre col fucile. E non un fucile qualunque. Con gli orsi bianchi, per fermarli, hai bisogno di un

61

cannone a proiettili esplosivi. Se non gli apri un buco nella pancia non smettono di caricare.

Uscii per tornare al mio b&b e vidi un cartello all'uscita del locale. Cosa fare se incontri un orso. Primo, stai sempre in guardia. Secondo, stai lontano dal cibo. Terzo, portati un'arma. Quarto, non metterti tra una mamma e i suoi cuccioli. Quinto, se si avvicina non correre, e cerca di sembrare più alto agitando la tua giacca sopra la testa. Parola del Servizio orsi, telefonare al 907.852611. Per strada mi ritrovai nuovamente solo. Udivo solo lo scalpiccio delle mie scarpe sulla ghiaia. Il fantasma bianco era ormai entrato in me. A ogni angolo sentivo che avrei potuto trovarmelo di fronte e cercavo istintivamente, "just in case", un posto dove arrampicarmi, che ovviamente non c'era, perché nel Grande Nord non ci sono alberi e le case hanno solo il pianoterra. Che posto. Altro che New Bedford e Nantucket. Vertebre di balena accatastate accanto a copertoni, barili di petrolio e slitte di legno deformate dal gelo; rostri, pesanti come piombo, accanto a jeep dalle gomme sgonfie; mascelle gigantesche e costole grandi come due uomini adulti abbandonate all'aperto fra marmitte arrugginite e resti di motoslitte. Enormi scheletri di pinne caudali, cioè di zampe posteriori, giacevano impolverati nei cortili tra topolini muschiati e lemming che ti passavano tra i piedi come saette.

Avevo paura, una dannatissima paura. E intanto teste cornute di caribù, lasciate a frollare al vento e alla pioggia, mi guardavano con l'occhio spento tra le costole di barche in disuso; e poi ancora pelli di lupo accatastate, carne appesa a stagionare su ganci in cima ai tetti accanto alle antenne paraboliche; vicino alle porte, stinchi di chissà che animale, cui era stata appena spellata la bistecca. Ovunque, un odore selvaggio di macelleria e putrefazione, mitigato solo dalla bassa temperatura. E ancora, radici di alberi portate dalle correnti del Pacifico, che, con le costole di balena, rappresentano l'unico materiale edilizio di un mondo senza vegetazione; radici venute da chissà dove, Honolulu, Patagonia, California, Cina.

Quando andai a dormire, verso le tre del mattino, lessi del *Lamento di Lady Franklin*, la moglie del capitano che da quelle parti, a metà Ottocento, era sparito nel nulla con due grandi velieri e i loro equipaggi, mentre cercava il Passaggio a nord-ovest. *In Baffin's Bay where the whale fish blow...* nella Baia di Baffin dove la balena soffia, nessuno può conoscere il destino di Franklin, il destino di Franklin nessuna lingua lo può raccontare, Lord Franklin dimora tra i suoi marinai. Nelle terre artiche non si muore, pensai. Si scompare. Anni prima, nei porti balenieri della Nuova Inghilterra, non avevo trovato più niente delle storie narrate da Melville. Ma lì, in quell'ultimo "finis terrae", lì sì che il mito abitava ancora. Miagolava nelle fessure come il vento. Le balene passavano di nuovo, a migliaia, in autunno e primavera. Per chi voleva ancora svernare in rudi taverne d'angiporto, incontrarvi gente drogata dal Polo, e magari farsi servire al bancone una tortilla dalla settantenne Fran Tate, ex attrice ancora frou-frou con un enorme fiocco bianco in cima ai capelli, quello era il posto giusto. Se poi si cercavano ramponieri e capitani pieni di storie da raccontare, allora era davvero Nuvuk la meta giusta. Nuvuk, detta Barrow, Ultima Thule prima del Polo. Nuvuk, anticamera di Point Hope, dove i fari diventano fantasmi.

CASSANDRA

I due faristi pescano e pescano, in ogni minuto libero dal servizio. Di notte, di giorno, all'alba e al tramonto, sulla punta di Levante e quella di Tramontana. Escono anche col mare grosso, purché non ci sia burrasca, poi tornano alla torre in cima al monte sudati come lottatori, per tirare su in fretta i pesci affidati al montacarichi cento metri sotto. Scaricano roba viva, scorfani, dentici, aragoste, orate. E poi subito, concitati, avvolgono le prede in una pellicola trasparente per catturarne la freschezza e deporle nella grande cassa-frigo. La loro stiva, nel magazzino al pianoterra, deborda di ogni ben di Dio, ombrine, gronghi, murene, saraghi. E non basta ancora, perché c'è la salatura dei merluzzi, che vanno appesi al sole e al vento, come panni da asciugare, al riparo dai gabbiani.

Solo dopo aver ultimato quello stivaggio da Arcimboldo, i fratelli della costa si accendono la prima sigaretta. C'è da capirli: sono lì sempre per primi, in anticipo su qualsiasi barca, consci dell'obbligo di sfruttare questa fantastica rendita. La loro Isola sta su uno dei mari più pescosi del Mediterraneo e in questa stagione di tempo instabile hanno pochi concorrenti. Le barche da pesca non si azzardano ancora a uscire. I due corsari sono così concentrati nella battaglia che mai chiederei di unirmi a loro: sarei solo d'intralcio. Mi limito ad aspettarli, seguendone dall'alto i movimenti, per accoglierli con un tagliere di salumi o un risotto pronto assaggio per affamati. Cosa che è apprezzata assai.

C'è poco da discutere. Non esiste, lì intorno, per miglia e miglia, posizione più favorevole. Pescatori greci, che sono stati da quelle parti nel secondo dopoguerra, dopo che la quarantena delle acque aveva nuovamente riempito i fondali di meraviglie, ricordano le zuppe di pesce improvvisate dalle ciurme su quella spiaggia di ciottoli, i canti, i gran fuochi accesi e le secchiate di ricci grossi come pompelmi, che per aprirli ci voleva il martello. Gli italiani mi hanno magnificato i palamiti e certe leggendarie "calamarate". E poi granchi enormi, che nel mio Adriatico son detti "pelose" o "granzipori", e possono staccarti le dita con le chele. Mi sento nel cuore dell'abbondanza.

Questo mondo è finito, bruciato in pochi decenni di rapina, e gli uomini sembrano averne perso la memoria. L'ho capito durante uno di questi giorni di pesca estrema, quando ho visto che, tra il faro e la postazione meteo, si nasconde una gallina fulva dalla cresta rosso fuoco, solitaria come l'asino guercio al pascolo sulle brughiere fra i due mari. Nulla di strano, in apparenza. Il fatto è che la signora non esce quasi mai. Sta barricata in un pollaio vuoto e troppo grande per un animale solo. Dove sono finiti gli altri polli? Fatto ancor più strano, i faristi non si preoccupano di ripopolare la gabbia che potrebbe fornir loro una provvista di uova fresche. È un bel mistero, perché la bestia sarebbe libera di razzolare all'aperto, ma non lo fa. È spaventata, ma da cosa? Non certo dal vento, e nemmeno da volpi che non esistono. Sullo scoglio sperduto non ci sono predatori. Certamente non teme i gatti semiselvatici in attesa di avanzi attorno al faro. Al contrario: la notte ospita in cuccia un micetto rognoso a causa della consanguineità degli incroci, il quale con la Tramontana va a scaldarsi ronfando sotto le sue piume. Una curiosa alleanza, che la signora accetta per sentirsi meno sola.

In un primo momento avevo pensato che il resto del pollame se lo fossero arrostito i faristi. Ipotesi plausibile, perché l'assistente del Capo non ne può più di pesce e non cucina che carne. Così non ho osato chiedere. Ma un giorno il custode anziano chiarisce il mistero. "Le altre se le sono mangiate i gabbiani," dice, e mima la scena di un micidiale attacco concentrico ad ali spiegate. L'immagine di quello sbranamento in un sabba di urla demoniache mi dà subito l'idea di cosa sta accadendo sull'Isola. Quelle urla sono l'immagine stessa della fame. Il mare si svuota: e a ripulirlo non è la pesca dei miei due simpatici bucanieri, ma quella industriale e sistematica. I tre-quattromila gabbiani sulle praterie e gli strapiombi non hanno quasi più niente da mangiare in acqua e cercano cibo in terraferma. Qualsiasi cibo. Sono diventati feroci.

Da allora molto è cambiato per me. La natura, cui all'inizio avevo guardato con l'imbecillità contemplativa dell'uomo urbanizzato, si è svelata tutt'altro che pacifica. Ogni metro quadrato di brughiera attorno al faro è in stato d'allerta e tensione. Per paura dello stormo urlante, i gattini appena nati già sanno di non dover uscire allo scoperto, e soffiano come tigri appena vado a portar loro un avanzo sotto la legnaia. La gallina osserva il cielo con l'occhio giallo di terrore. Persino i falchi si avvicinano con circospezione, temono le battaglie aeree con i gabbiani, perché quelli si muovono tutti assieme, in una concertata azione di "mobbing". L'Isola intera è sotto stress, grida di paura.

Solo i pesci tacciono. Tacciono le triglie, i saraghi, i polpi. Tacciono le aragoste nel pentolone bollente dei ristoranti o nei freezer delle navi di rapina. Il loro urlo senza voce dice che in trent'anni il Mediterraneo si è svuotato del settanta per cento della sua ricchezza ittica. Me l'aveva svelato Tamara Vučetić, leggendaria biologa marina croata, durante un viaggio in Dalmazia. Capace di cantare il mare e al tempo stesso di denunciarne lo sfacelo, la vecchia Tamara è Omero e inascoltata Cassandra. Diceva: "Una scienza incapace di spaventare è una scienza inutile. Noi biologi del mare avremmo bisogno di un poeta per raccontare cosa succede là sotto e per accendere la nostalgia di quando il mare era ancora il mare".

Stanca di gridare al vento e di parlare ai muri, Cassandra aveva una tremenda voglia di parlare e, come gran parte degli slavi, aveva il dono delle lingue. Si esprimeva in italiano con geniali giri di frase e benediceva quell'incontro che l'aveva strappata alla solitudine. Stava perdendo la vista e controllava la posta al computer usando una lente grossa come un telescopio. Abitava in fondo a una baia dell'Isola di Curzola che, a causa della sua forma a V aperta verso nord-ovest, generava di tanto in tanto violenti maremoti per l'effetto combinato della pressione, del vento e della marea. Ricordo che a un tratto guardò fuori dalla finestra, verso la baia, e disse: "Il mio tempo è finito. Deciderò io quando, come e dove andarmene". Come gli ultimi giorni di Hemingway all'Avana. Solo che al whisky Tamara preferiva di gran lunga la cioccolata.

Che donna. Si preparava a morire ma era affamata di vita, i suoi occhi e la sua mimica incantavano, i suoi racconti facevano riempire interi taccuini. Mentre cercavo di capire il suo modello matematico sul rapporto fra pesci e zooplancton, era in realtà la passione che ascoltavo, l'amore per la natura che vinceva su tutto, la voce forte e melodica che mi guidava in una girandola di storie, guerre, velieri, mercanti di sardine, antichi portolani scritti a mano, e incontri fatti a Mosca, Cambridge, Istanbul e Buenos Aires fin dai tempi di Tito. E ancora il Baltico, Southampton, la Baia di Chesapeake, e Salonicco, e Hvar, e Creta, e Cipro, e Rodi, e Nuoro "ombelico del Mediterraneo". Vedevo tutto, in una straordinaria immagine stereoscopica: i faraglioni della Corsica, i pilastri delle Colonne d'Ercole, i deserti calcinati della Sirte, e la Sicilia – "Ah la Sicilia, subito ci tornerei!" –, con le icone dei santi bizantini a Cefalù.

Amava soprattutto il suo Adriatico, il mare meno profondo e più fragile del Mediterraneo, il più ricco e al tempo stesso il più strapazzato dagli scarichi urbani, dai fertilizzanti e dalle eliche delle grandi navi che rivoltano i fanghi e i veleni del fondale. L'acqua è ancora blu, diceva, ma la trasparenza non significa salute del mare. Ovviamente conosceva la mia Isola, c'era stata negli anni cinquanta con una spedizione oceanografica e aveva trovato, cinquanta metri sotto la superficie, un sottomarino italiano colato a picco che si era trasformato in condominio per migliaia di stupendi pagelli. "Quando tornai in superficie," disse, "gridai al cuoco della nave che cosa volesse per cena, e glielo procurai." Sembrava l'evocazione dell'abbondanza, e invece era l'anatema per la fine di un mare.

Chissà, se nelle reti i pesci gridassero – penso al ricordo di quel memorabile incontro dalmatico –, forse capiremmo. Invece su tutto regna un silenzio che dà carta bianca al massacro. E nulla si fa per rimediare. Basterebbe una pausa di un anno, un anno solo, per ripopolare i fondali, ma i paesi rivieraschi se ne fottono, arroccati nei loro miserabili interessi nazionali, servi di un business che vuole il tutto subito e dei figli chi se ne frega. Nei porticcioli si balla, si beve e si canta, la disco music copre tutto, i culi si dimenano sul disastro. Che vergogna ammettere che solo la guerra dà tregua al mare, e che la pace è un maledetto imbroglio, una guerra economica micidiale coperta dagli spot televisivi. Il mascheramento di uno sterminio.

Torno a guardare la gallina solitaria dell'Isola. Il suo occhio di freddezza algebrica legge il futuro meglio della Borsa di Londra. Per capirlo, mi è bastato togliermi dal frastuono di terraferma, dalla tempesta degli sms, dall'overdose di dati, dalle musiche imbecilli da supermercato, dal mondo finto dei droni e dei selfie, per venire su uno scoglio deserto. Qui è tutto lampante. L'occhio della profetessa piumata grida al mondo che c'è un sistema che ci intontisce di anestetici e ci tiene in stato di subbuglio mentale, al preciso scopo di non farci capire che una cosca di predoni sta divorando il mondo. Dice che dietro alla guerra in Iraq, alla Siria, all'Ucraina, ai Balcani, dietro alle ondate di profughi, agli "-ismi" e alle bandiere, alle nazioni e ai monoteismi, c'è quasi sempre quello svergognato accaparramento delle ultime risorse del Pianeta.

Faccio spesso brutti sogni legati alla sofferenza degli animali. Uno, ricorrente, mi fa errare dentro un mattatoio di bovini abbattuti o scuoiati vivi nel più feroce dei modi. Anche quella notte ho avuto un incubo di quel tipo. O forse, più che un incubo, un dolore antico che riemergeva. Il ricordo di una vecchia che, quand'ero bambino, abitava al piano di sopra, nella mansarda del palazzo. Quella candida megera aveva una bastardona dolce e pelosa che si chiamava Lea e che, a intervalli regolari, le scodellava una decina di cuccioli. Dopo pochi giorni, ogni volta, la vecchia li ficcava in un sacco, usciva per strada fino ai moli e li buttava in mare. Ebbene, una notte sogno la strega che cammina nel buio, sotto la pioggia, con una vestaglia nera strattonata dal vento e il suo fardello di pianti sulla schiena. Personifica la sordità al dolore.

Cose che capitano nella solitudine di un'isola. Pensieri nuovi. Voci che ti dicono che il peggio non è tanto essere sull'orlo del disastro, ma il non accorgersi di esserci. Qualsiasi animale sente l'approssimarsi del pericolo. Noi non più. Siamo così narcotizzati e distanti dalla natura da non sentire che cemento e discariche, camorra e veleni ci assediano. Viaggiamo tranquilli in mezzo a penitenziari di animali pazzi e pieni di antibiotici, gabbie di reclusi pigolanti dove non fa mai notte, e non vediamo Nacht und Nebel che avanzano, a passi smisurati, come Gog e Magog. Capiremo solo quando non ci sarà più niente da fare. Se domani il cielo fosse vuoto di passeri, ci metteremmo settimane a realizzarlo. Se un giorno il fiume sparisse da sotto i ponti del nostro paese, non lo noteremmo. Siamo pieni di paure, certo, ma paure di cose senza significato, e le paure a vuoto si chiamano paranoie. Ci manca il timore vero, quello supremo. L'orrore di noi stessi, incapaci di sentire il grido della natura che boccheggia e dice: "Basta".

L'URLO

L'urlo dei gabbiani per la morte della luce comincia mezz'ora prima del tramonto con una baraonda di voli concentrici attorno alla gobba orientale dell'Isola. È impossibile capire a cosa siano dovuti quel baccano e quell'agitazione: la sera scende serena e non ci sono ficcanaso tra i nidi. Una luce calda, strepitosa, illumina le livree candide e, nel vortice di uccelli, ogni individuo è ben visibile contro il blu cobalto del mare o il verde intenso della montagna. Filmo ogni minuto di questa apparizione, pensando che potrei contrabbandarla con un documentario sull'Isola di Pasqua.

Col passare dei minuti, in un crescendo di grida, gli uccelli cominciano a spostarsi sul baricentro dell'Isola, come aspettando la riemersione del capodoglio, poi sempre più avanti, verso la prua rocciosa sul lato del Sole calante che ormai incendia il mare, tanto che devo spostarmi ben oltre il faro, fin dove il sentiero va a morire sull'altana delle rilevazioni meteo. Da lassù assisto a uno spettacolo indimenticabile. Quando il Sole tocca il mare e si tinge di bronzo, c'è un grido generale, che prosegue fino alla sua completa scomparsa, in un crescendo pazzesco di lamenti. Poi lo stridio si attenua rapidamente, finché il silenzio non discende sull'intera Isola del Ciclope.

Perché non avevo visto questa scena nelle sere scorse? Forse perché erano state segnate da pioggia e vento? Che rapporto esiste fra la calma bellezza color miele della sera e l'urlo degli uccelli? E com'è possibile che quegli animali dall'occhio preistorico e crudele piangano a quel modo?

Torno al faro infreddolito: nell'incantamento ho dimenticato di coprirmi. Quell'addio alla luce mi ha preso l'anima. Accendo uno dei fuochi in cucina per scaldarmi le mani e concludo che devo arrendermi all'evidenza: gli animali hanno celebrato la luce, invocandone il ritorno.

C'è poco da discutere, devo fare i conti con i gabbiani. Sono i padroni dell'Isola e non hanno niente a che fare con i loro fratelli inurbati, degradati a pitocchi e spazzini. Sono bestie fiere, di un'eleganza perfetta. Il giorno seguente, quasi per caso vedo che nell'orto in mezzo all'Isola, oltre la spianata che prende il nome di Lucertola, i faristi hanno appeso per un'ala un gabbiano morto, per tenere lontani gli altri uccelli secondo un antico costume. Ebbene, sarà per le piume che nascondono la putrefazione, ma l'animale mantiene anche da morto un'eleganza commovente. Il collo lungo abbandonato sul petto, le zampette dritte come una ballerina classica, e soprattutto l'ala aperta, capace di esprimere una portanza sublime persino da ferma.

Da quella sera, vidi i tramonti sull'Isola con occhio nuovo. Proprio le sere più dolci, in certi momenti, mi sembravano spietate come un blocco di granito nero. Le notti inquietavano meno, perché il trapasso era già avvenuto e il buio mi mostrava la via sicura con le stelle e i sentieri misteriosi del sogno. Ma sì. Ecco perché gli uccelli avevano pianto: l'addio alla luce era qualcosa di insopportabile. Da allora guardai anche i gabbiani con più attenzione, i loro allarmi, la loro premura nelle covate, la geografia dei loro nidi. Non posso dimenticare come uno di essi, inferocito per una mia intrusione, mi avesse quasi centrato con una bomba maleodorante dopo una giravolta allo zenit.

Il problema era entrare in sintonia con le creature volanti. Ce n'erano di ogni tipo e dimensione, ma in quella babele celeste l'unica che riconobbi con certezza fu un enorme airone cinerino che, infastidito, uscì e prese quota – Dio solo sa come – ad ali ferme a pochi metri da me, in un silenzio perfetto, quasi soprannaturale. Più volte vidi un grosso rapace, color marrone chiaro, il cui volo era continuamente disturbato dai gabbiani, per nulla intimiditi. Passavano anche le rondini, a più riprese: usavano quel roccione in mezzo al mare come tappa per i loro voli intercontinentali. L'Isola era la loro portaerei.

Una mattina, mentre lavavo i piatti in cucina, vidi passare

sopra la stazione meteo un uccello simile a un albatros, ma dalle ali preistoriche, tipo pterodattilo, una via di mezzo tra cormorano e pipistrello. Passò in volo planato, e non lo rividi mai più. L'Isola era una stazione di passaggio importante. All'inizio del Novecento, poco dopo la costruzione del faro, erano state catalogate almeno duecento specie di migratori, alcune delle quali, un secolo dopo, mancavano all'appello. L'uomo aveva fatto il suo lavoro, anche lì, in quell'isola in capo al mondo, dove sbarcavano solo folli e sognatori.

E la procellaria dov'era? Come avrei potuto vedere una creatura che già dal nome denunciava la sua distanza dalla terraferma? E che cos'erano quei grossi passeracei affusolati che si muovevano insieme come nubi di insetti? Storni? Piovanelli? E che nome avevano quel tipo di merli dalla livrea bianca e marrone, che mi tagliarono la strada così all'improvviso da farmi inciampare? E i calabroni, mi chiedevo, come erano arrivati fino a lì coprendo cinquanta miglia di mare aperto?

E in che plaga reconditata dell'Isola si erano nascoste le diomedee, i compagni di Diomede che Zeus aveva trasformato in uccelli per sorvegliare la tomba di lui? Le avevo sempre viste in spazi estremi: le Bocche di Bonifacio in Corsica, durante una traversata egea fra Kea e Mykonos, e nella lontanissima Isola di Gavdos, il punto più meridionale d'Europa. Avevo buone possibilità di trovarle anche lì, attorno ai faraglioni del mio faro. Soprattutto, desideravo sentire il loro famoso lamento notturno. "Ogni volta che le incontro," mi aveva detto lo skipper riminese Fabio Fiori, autore di un gran libro sui venti, "ne rimango rapito, come e forse più di quanto non mi accada con i delfini."

Viene una notte quieta e straordinariamente chiara, la Luna vola oblunga verso ovest come il tiro piazzato di un pallone da football. Nella brezza serena, l'arcipelago nuota come un branco di balene franche, lasciandosi dietro una scia argentea per effetto del vento. È impossibile restare rinchiusi nel faro. Scendo fino alla spiaggia, mi siedo sui ciottoli con una coperta sulle spalle e mi tengo compagnia col suono della mia voce. Tre versi di Catullo, mandati a memoria:

Iam ver egelidos refert tepores,
iam caeli furor aequinoctialis
iucundis Zephyri silescit auris.

Ormai la primavera riporta i miti tepori, ormai si placa il furore del cielo equinoziale con le brezze soavi di Zefiro. Che balsamo per l'anima intirizzita. Il sortilegio mi protegge. E nell'aria c'è qualcosa di nuovo.

NEVERA

Alle sette del mattino dell'ottavo giorno, una buriana improvvisa quasi sventra la finestra in cucina. Sento il botto dalla stanza da letto e mi precipito senza infilare le ciabatte. Temo di aver dimenticato aperto, visto che la sera è stata di straordinaria mitezza. Invece no, i serramenti sono sprangati. Nonostante questo, la pioggia mitraglia le finestre interne. La parete ovest del nido d'aquila è sventagliata dalle raffiche e il mare è in preda agli spiriti. Si è scatenata quella che dalle mie parti si dice "Nevera", una sfuriata breve ma pericolosa, di quelle che fanno strage di barche nelle marine. L'acqua è entrata dalle fessure allagando il davanzale e i vetri sono imperlati di condensa per l'improvviso abbassamento della temperatura.

Chi ha mai detto che su un'isola deserta non succede niente? Appena ti rilassi, qui tutto ti cambia sotto il naso. Il tempo muta a una velocità impressionante e con lui la luce, gli odori, la temperatura. In poche ore il mare può prendere quasi tutti i colori dell'iride: verde, blu, bianco, argento come uno specchio ustorio, giallo e rosa al tramonto, rosso, nero, a conferma che ci sarà pure un motivo che attribuisce ai mari del mondo le tonalità più diverse. Mar Giallo, Mar Bianco, Mar Rosso, Mar Nero. Per non parlare del fatto che gli Egizi chiamavano il Mediterraneo "il Molto Verde" per via del colore delle acque limacciose nel Nilo aperte a ventaglio per miglia e miglia al largo del Grande Delta.

Mi diranno: è solo il clima. "Solo" il clima? A me non sembra affatto poco. In un luogo così esposto agli elementi, il meteo è decisivo. E questo non solo perché è un grande riassunto dello stato dell'universo, ma perché ti denuda, evoca valanghe di visioni e sveglia la macchina di pensieri che dorme in te per troppa vita sedentaria. Ieri, per esempio, è bastato uno squarcio nella foschia per far apparire, sotto un ferro da stiro di nubi nere come la pece, una processione di navi battenti le bandiere di mezzo mondo. E allora ti tocca mollare quello che stavi facendo, afferrare il teleobiettivo e il treppiede, nella certezza che qui tutto è irripetibile e quelle navi, con una luce simile, non le vedrai mai più.

Su un'isola, il vento cambia la tua vita e le tue abitudini anche in casa, perché ogni muro è esposto a venti diversi. Se c'è vento di nord-est, per esempio, devi chiudere le imposte della cucina ed emigrare in camera da letto con armi e bagagli. Se tira il Libeccio, si torna in cucina e si spranga la finestra della camera. Se viene il Maestrale, l'unico vento davvero secco, via di corsa a lavare la biancheria per stenderla sui cavi perché si asciughi. Se piomba la Tramontana, sorella del Meltemi nei mesi freddi, allora è tempo di chiudere bene tutte le porte e le finestre e magari salire in cima al faro ad ascoltare la potenza degli elementi. Se poi arriva lo Scirocco africano, meglio tapparsi e non uscire, come farebbero i Tuareg con le tempeste di sabbia.

Mi dicevano "ti annoierai", e mi ritrovo a non avere un attimo di requie. "Che avrai da scrivere di un luogo in cui non succede nulla?" era l'altra obiezione che mi veniva fatta alla partenza. Ora scopro che i taccuini forse non mi basteranno. E non è solo meteo. È che qui, come in barca, hai sempre qualche occupazione che ti tiene impegnato. Fare il pane, controllare il barometro, leggere il libro giusto nella lanterna del faro, uscire a pesca, cucinare un risotto, tener pulito il tuo spazio, esplorare il monte e la battigia, smaltire le immondizie nel modo corretto. E poi controllare il generatore e la pompa dell'acqua, imparare i nomi dei venti, salare il pesce, filmare e fotografare con la luce giusta. Se sei una persona curiosa, il tempo non ti è sufficiente per registrare tutto ciò che ti circonda. Giri da un posto all'altro come un'anima in pena.

Ora fa freddo. Per scaldarmi le mani mi tocca accendere il fornello e fregarle energicamente sul fuoco come la piccola fiammiferaia. Il vento di nord-ovest, avvitandosi nella scala a chiocciola, ora sale verso la lanterna generando un lamento simile a una litania. Mi ricorda l'orazione udita un giorno in chiesa dalle donne in nero dell'Île-de-Sein in Bretagna. "Elles sont toutes veuves," sono tutte vedove, mi disse con voce roca l'amica accanto a me, e quel funebre avvertimento, in quella navata con pochi uomini, unito alla tempesta atlantica che imperversava all'esterno, mi svelò una storia di naufragi, come se sull'isola la morte dei maschi arrivasse solo dal mare.

Nevera, che parola magnifica. La modernità non è capace di coniare niente di simile. Sa di freddo improvviso e celebra quel cortocircuito fra mare e montagna che rinfresca l'aria senza preavviso, sanando uno squilibrio. Termine, credo, che Venezia ha esportato in tutto il Mediterraneo orientale. L'ho sentito pronunciare nei porticcioli croati, sulle coste dell'Epiro, a Mykonos e persino tra i pescatori palestinesi di Haifa, in Israele. Ho sentito la parola "Nevera" anche in bocca a un fenicio di Sant'Antioco in Sardegna, e ricordo che una sera di afa insopportabile a Kardamili, nel Peloponneso, lo scrittore inglese Patrick Fermor la chiamò in causa perché planasse a benedire il mare. E intanto, lui novantenne, ne propiziava la venuta liberatrice con ripetuti brindisi di ouzo "on the rocks" che avrebbero sfiancato un bue.

Come tutte le buriane, anche questa si esaurisce in meno di un'ora. Ormai l'ho imparato: qui non c'è meteo che tenga, sei esposto all'imprevedibile. Fino a dodici ore prima non sei mai sicuro di poter affrontare il mare aperto. E siccome dal vento dipende tutto, anche la possibilità di arrivare sull'Isola e di ripartirne, in un posto così capita di aspettare la partenza o il ritorno anche dei giorni, seduti sulle valigie. Insomma, uno che cerca un posto simile deve sapere a cosa va incontro. Sicuramente è meglio che non sia un ansioso attaccato allo smartphone o governato dall'agenda. Qui bisogna rassegnarsi ai silenzi, ai rinvii e alle attese, e anzi a imparare il gusto antico della divagazione e del periplo.

L'isola disabitata è un'altra cosa. Per esempio: se sbarchi e ti manca qualcosa, ti attacchi. Il mio litro e mezzo di olio d'oliva, per esempio, so che devo farmelo bastare per tre settimane, non c'è santo che tenga. In posti così impari in un attimo a fare i conti con l'esauribilità delle risorse e a costruirti una sana frugalità, visto che col denaro non risolvi nulla. Il mio portafogli, fermo sul comodino già da dieci giorni, certifica ogni giorno la sua ridicola inutilità. Niente soldi, da queste parti, e nemmeno ladri. Su un'isola deserta nessuno chiude la porta a chiave. Tutto è più semplice e contemporaneamente più esposto alla natura. In un posto simile i bambini di città farebbero morire di ansia qualsiasi mamma contemporanea, col rischio continuo di finire in un burrone come i neonati deboli di Sparta.

Si dice che ai piedi del Ciclope non sia mai nato nessuno e nessuno sia morto per cause naturali. Nessuno tranne uno, un eroe greco, di cui forse parlerò se verrà la sera giusta.

EGO ADRIATICUS SUM

Decimo giorno, ore 16.00, vento che picchia da Tramontana, maestoso e costante come una flotta di galeoni a vele piene. Stasera faccio il risotto con i funghi e invito i faristi a cena. Il loro turno mensile è agli sgoccioli, domani tornano a casa, e con tutto l'ambaradan del trasloco gli andrà bene di non sporcare pignatte e saziarsi di cibo forestiero. In dieci giorni mi hanno accolto nella loro cucina, scodellato meraviglie degli abissi e insegnato i nomi dei venti nella loro lingua. Regali che mi riempiono di riconoscenza.

È stato utile convivere con questi due, così diversi dal mio mondo. In una settimana e mezzo non li ho mai visti contemplare un tramonto o leggere un libro. Se si riposano, è solo per farsi straziare da musiche impregnate di malinconia turca o fumare con l'occhio perso nel vuoto. Per il resto, il fare surclassa l'essere. In primis "pescare necesse est", e appena il vento lo consente li vedo che filano a buttar le reti per accumulare tesori di dentici, scorfani e aragoste in una cassa-frigo più grande di un sarcofago egizio. Tutta roba da portare a casa o da rivendere ai ristoranti nella buona stagione.

E poi si sa, nella casa del Ciclope c'è sempre un milione di cose da fare. Aggiustare il generatore che perde colpi, rasare l'erba del sentiero, spostare i pannelli solari dalla parte della luce, lustrare la lampada, tarare l'anemometro, accogliere i rari forestieri capaci di buttar l'ancora sottocosta. E poi fare il pane, lavare i panni, controllare i tubi della cisterna, aggiustare serramenti scardinati dalla Tramontana, racimolare capperi e asparagi selvaggi, proteggere l'orto dall'assalto dei gabbiani.

In un faro il maschio impara tutti i segreti dell'economia domestica. Li impara per forza, perché in un rifugio lontano dal mondo anche il minimo disordine si trasforma in letamaio. In barca a vela basta un cavatappi introvabile a mandare in crisi un intero equipaggio. Ma di tutti gli uomini di mare, non so perché, i più meticolosi sono questi solitari custodi della luce. Raccomando dunque alle donne: sposate un farista. Vi procurerà il cibo, non vi assorderà di chiacchiere inutili, lustrerà la casa a specchio e si toglierà dai piedi un mese ogni due, ritmo talmudico perfetto per la durata dei matrimoni.

Incontro il Capo sulla spianata che fa come una prua sui faraglioni. È uscito a pescare anche col vento forte, sul lato riparato dell'Isola, e sta recuperando il bottino via teleferica: tre palamiti, un astice, due orate e uno scorfano di due chili. Ora si arrotola una sigaretta in un anfratto al sole, gomito sul muretto e camicione di lana semiaperto. Ha cinquant'anni ben portati, di cui sedici spesi sul faro; corporatura da pugile, profilo da sparviero, occhio ironico, trasandatezza elegante, coscienza del ruolo.

Dal sentiero vedo salire il Secondo. Ha trent'anni e due figli piccoli. Tipo lungo, dinoccolato. Segni particolari: passo claudicante e rifiuto delle vitamine. In dieci giorni non gli ho visto assaggiare un pomodoro, una mela o un piatto di insalata. Solo scorfani, pecorino e braciole. Un militante delle proteine. Ho cercato di convertirlo alle delizie del cavolo cappuccio, dei cetrioli o dei peperoni alla piastra, ma senza risultato. Col Capo ha un rapporto di deferenza, il che non impedisce loro di litigare, ma in quel modo rituale che serve a evitare scontri irrimediabili.

La cucina dei faristi concentra in uno spazio minimo tavolo, piano di cottura, radio e tv, divano per la pennica e postazione telefonica. Il contatto con la terraferma è serrato, specie quando la sera "volge il disio". Allora le chiamate si infittiscono. Cuor mio, mamma, papi, sole dei miei occhi. E poi la vigna, gli ulivi, le tasse da pagare. Il Capo segue le sue cose a distanza con attenzione spasmodica, sento la sua voce passare con rapidità tutta mediterranea dal riso all'ira, alla tenerezza. E quando la lanterna si accende, prima di cena, lo vedo uscire sulla spianata e cercare verso Tramontana, dritto sotto la Polare, perché lì c'è un altro faro che pulsa, su un'isola a trenta miglia, e in quel faro – in quell'isola – c'è suo figlio che fa il suo stesso mestiere e gli ha appena regalato un nipotino. Le due luci si parlano e si chiamano ogni giorno, appena fa buio.

Cena con vista su un tramonto a strisce verdi e viola, con i due che mi guardano divertiti aspettare spasmodicamente il tempo giusto per mantecare il formaggio nel risotto. Troppa attenzione al dettaglio per gente che va rapidamente al sodo, alla polpa, alla carne. Ma poi la pignatta fumante è accolta con un brindisi e suono concitato di forchette sui piatti.

Importante. Qui si fuma e si chiacchiera in un misto indecoroso di inglese, tedesco, istro-veneto, parlata locale e mimica di base. I verbi sono tutti all'infinito e il tono della voce è quello delle fiabe. Per non parlare dei gesti e degli occhi, che roteano o si fissano sull'interlocutore per sedurlo. Nel Mare nostrum comunichiamo così, da Gibilterra al porto di Haifa. Come fai a spiegarlo a uno di Bergamo?

Gianandrea Nisi, un operatore finanziario di Trieste che viaggia tra la City di Londra e piazza Affari a Milano, mi scrive ogni tanto amichevoli sms in dialetto locale, inglese e croato, e questo non solo per declinare le sue generalità insieme all'orgoglio delle sue radici plurali, ma anche per smarcarsi, lui che non disdegna i cicchetti, dai fighetti astemi che governano il mondo col Nasdaq. Cose così: "Dragi prijatelj, tomorrow se vedemo per un spritz, and by the way podemo ciacolar de sto kurac de situation in luka Trst". Che vuol dire: amico caro, domani ci si vede per un calice e, già che ci siamo, parliamo di 'sto c... di situazione nel porto di Trieste.

Sono millenni che il Mediterraneo amalgama spontaneamente usi, cibi e civiltà, costruendo lingue franche utili a mercanti, pescatori, marinai e persino a pastori in transumanza – altra specialità del Mare di Mezzo, eterna antagonista del nomadismo che desertifica. Joško Božanić, un linguista dalmata, ha scritto nel 1996 un poema epico in una lingua adriatica egualmente comprensibile a veneti e montenegrini, pescatori del Gargano e marinai dell'Isola di Curzola, ma probabilmente ostica per un romano o uno zagabrese:

Ala nãśi, mola cimu
voga napri, fate fate
Ondre, Mike, File, Zane
u ime Boga, voga voga.

Concepì questi martellanti ottonari in lunghe, febbrili notti insonni nell'isolamento di Pelagosa, dove i faristi ancora lo ricordano.

Dove può fiorire una lingua franca se non su un'isola, che è il paradigma del territorio franco? Si dice che nella solitaria Lampedusa, devastata da ripetute invasioni e sempre testardamente ricolonizzata, anche in tempo di guerra i legni turcheschi e quelli cristiani potessero sostare senza aggredirsi, per un tacito accordo. Massimo Carlotto narra di una grotta dedicata alla Madonna, dove era stato sepolto un marabutto turco e dove i visitatori delle due religioni lasciavano senza disturbarsi cibo per i naufraghi, gli schiavi in fuga dalle galere o i pescatori giunti a reti vuote.

Mi chiedo se l'ampio uso dell'inglese (ma se la lingua egemone fosse il francese sarebbe lo stesso) non abbia ucciso questa capacità mediterranea di imbastardire e amalgamare, di costruire luoghi e parlate d'incontro, e non abbia finito per creare incomprensione anziché intesa. Se sei in Grecia e non sai che "alici" si dice "gavros", non ordinarle nemmeno. Non le gusteresti. Sei vuoi un "saganàki", che vuol dire formaggio fritto, non dire "fried cheese" e, ti scongiuro, le "dolmades", non ridurle a "minced meat with rice", perché pare tratto da un manuale nutrizionista per animali. "Food" è "nutrimento", non "cibo"; è la banalizzazione della convivialità, lo scatolame sugli scaffali di un ipermercato, la solitudine dell'atto di mangiare. Impara a masticare i cibi a partire dal nome: di' "melitzanes", non "eggplants". "Garlic sauce", per Dio, è "skordalià". Usa piuttosto l'italiano, che anche ci somiglia.

Ricordo che anni fa, in una taverna dei Quartieri spagnoli di Napoli, un cuoco mi declamò il menu usando i nomi locali dei cibi con una teatralità così barocca da saziarmi di sole parole. Gli stessi ingredienti si nobilitavano. "Puparoli", "cucuzzielli", "pummarole" e "mulignane" parvero, mescolati insieme, formula battesimale, benvenuto, per non dire esorcismo di una fame atavica. A un certo punto, ridendo, dovetti dirgli "basta", se voleva lasciarmi un po' di spazio nella pancia. Spesso, nei ristoranti stranieri, mi capita di scegliere i piatti dal nome, anche se non ho la minima idea degli ingredienti. So soltanto che se suonano bene hanno anche da essere buoni. È una scelta d'istinto dove sbaglio raramente. Sulla mia Isola l'inglese non c'entra. Mi aiuta a comunicare, ma non a incontrare. Mi lascia inchiodato in una terra di nessuno. Mi secca usarlo, così come mi secca usare il tedesco, che pure è la mia lingua della Mitteleuropa. Meglio sarebbe arrangiarsi col greco, l'arabo, il turco, il croato, o il veneto della Serenissima, che non è ancora morto nonostante il Leone non garrisca più sui vessilli in armi di san Marco. I comandi "cazza" e "lasca" mi hanno fulminato in posti lontanissimi tra loro, come l'Isola di Kos e il porto dell'antica Cartagine, a un passo da Tunisi.

Ego adriaticus sum. Come triestino, appartengo a Venezia e Cattaro, Ancona e Spalato, Curzola e Bari. E in quanto tale sono anche la quintessenza del Mediterraneo perché il mio mare è quello "dove l'Altro è più vicino", come mi disse un giorno Sergio Anselmi buonanima – ineguagliabile narratore di cose adriatiche –, cioè lo spazio dove l'alterità è più immediatamente percepibile e la mescolanza inevitabile. Appartengo dunque allo stesso modo a Salonicco e a Beirut, a Orano e a Formentera. Alla mia gente, le miserabili definizioni nazionali hanno portato sempre e solo sventura. Per questo noi sentiamo il mare come la casa di tutti, e intendiamo nel modo giusto la definizione "Mare nostrum". Che non significa "il mare di nostra proprietà", ma "il mare di tutti coloro che lo abitano e, a prescindere dalla lingua, sono affratellati da un sentire comune".

LA BANCHISA

Oggi ho raggiunto il capo est dell'Isola, dopo aver superato una prateria popolata di nidi di gabbiano. Roccioni impraticabili, nerastri, quasi vulcanici, fronteggiano un mare desertico, increspato, color alluminio. Giornata fredda, da gabbana di mare, ore consumate in simbiosi col Tutto. È irresistibile il fascino dei promontori per chi, come me, è nato e vissuto in fondo a un golfo, e quel golfo è il punto estremo di un mare chiuso come il Mediterraneo. Se poi quel capo tempestoso ha alle spalle fusi e fusi orari di terraferma e si affaccia sul grande nulla di un Oceano, dividendo mondi sconfinati, il brivido dello sperdimento ti travolge. Per provarlo basterebbero il Portogallo, la Bretagna, la Cornovaglia, o le tremende falesie delle Isole Aran in Irlanda.

Ma il "finis terrae" più sconvolgente mi è capitato di vederlo qualche anno fa, in Alaska, in un giorno di vento forte da ovest. L'estate stava finendo e c'era un'alba svogliata che si faceva strada agli antipodi del mondo, aprendo squarci blu come bolle d'inchiostro dentro una banchisa di nubi ferme, simili a una coperta funebre. Un posto senza fari, salvo il rudere di una torre di luce distrutta dalle burrasche nel 1999. Era il punto estremo della penisola di Seward, dove il continente americano finisce in uno spazio piatto e senza colore. Oltre lo Stretto di Bering, la Siberia, ancora immersa nella semioscurità. A sud, il Pacifico, l'acqua di mezzo planisfero terrestre che imbocca con spaventose correnti il varco di cinquanta miglia che lo separa dal Mare Artico. Da quelle parti, in un labirinto di isole e ghiacci, il capitano John Franklin era scomparso nell'agosto del 1845 con due grandi navi e un equipaggio di centocinquanta uomini.

Tutto si capovolge in quel quadrante estremo del mondo abitato. L'ora dell'orologio, la notte che diventa giorno, la data che cambia agli antipodi di Greenwich, la Russia che diventa Occidente, l'America che si ritrova a est, e l'Europa – capovolta sulla mappa – che, con una folle deriva dei continenti, viene spinta a nord, oltre la calotta polare e le Isole Svalbard, sulla rotta dei jet intercontinentali. Lì tutto si inverte e tutto finisce: gli oceani; il nuovo e il vecchio mondo che sembrano navigare come grandi navi da battaglia in rotta di collisione; il Passaggio a nord-est e quello a nord-ovest che si saldano in un braccio di mare sempre più libero dalla banchisa a causa dello scioglimento dei ghiacci.

Ricordo che ero arrivato lì alle tre del mattino e il mare non c'era. Lo stretto era coperto da un altro mare, fatto di bruma, una grigia decalcomania delle superfici oceaniche che ribollivano di sotto. In mezzo a quella prateria lattiginosa, venti-trenta miglia al largo, sbucavano due montagnole, come monconi di un ponte bombardato, ferme nella corrente. Erano le Isole Diomede, vicinissime tra loro: una russa, più grande e piatta, e una americana, più piccola e irregolare. Diomede: allora non sapevo che quel nome greco mi avrebbe perseguitato, indirizzandomi verso la mia Isola attraverso la leggenda omerica dei ritorni dalla guerra di Troia. In quel punto la nebbia s'ispessiva verso ovest, diventava densa come piumaggio di oche, causa il freddo siberiano che lambiva la costa e incontrava l'umido del Pacifico.

Sbucando dalla bambagia come il periscopio di un sommergibile, la ciminiera e il ponte di una grande nave da carico, ispida e nera, doppiarono il Capo Prince of Wales, solcarono il mare controcorrente e scesero verso le Isole Aleutine. Il cargo veniva da Kivalina, 150 miglia a nord-est, dove si trova la più grande miniera di zinco del mondo. Il traffico era continuo, una corsa contro la stagione che presto avrebbe richiuso gli stretti. Prima di quel momento sarebbero arrivate anche le balene: ogni fine settembre abbandonano i pascoli estivi nel Nord dell'Alaska, dove tutte le correnti si mescolano generando pazzesche concentrazioni di plancton, per doppiare Point Hope, il promontorio giusto a settentrione della penisola di Seward. (E ci sarà pure un motivo se nell'estremo Nord tanti promontori hanno questo nome.) Qui le balene si possono vedere a migliaia quasi sotto riva, e scendono controcorrente nel Pacifico.

Era stata dura arrivare fin lì; solo l'aereo collega le Terre estreme al resto del mondo. Niente strade, niente alberghi, anche la mappa si desertifica, perde la densità dei nomi persino in quella terra dove i cercatori d'oro hanno battezzato ogni rigagnolo. Mi ero lasciato alle spalle l'Alaska coperta di foglie gialle, con le nevi del McKinley dorate dalla luce della placida estate indiana, e non mi aspettavo che verso la costa il paesaggio si imbarbarisse a quel modo. Vento forte, freddo,

colline coperte di abeti striminziti, paludi già pronte al rige-
lo, un terreno che sotto il metro di profondità resta un blocco
ghiacciato anche d'estate.

Alla fine, una brughiera nuda scendeva verso la costa cui
s'aggrappavano i villaggi degli eschimesi, chiusi come ostri-
che al resto del mondo. Qua e là, basi militari – Tin City,
Point Hope, Cape Lisburne – con le bandiere stellate al vento, ancora in allerta per una guerra fredda che può ricomin-
ciare.

Laggiù è illusorio muoversi senza una guida e senza essere annunciati con anticipo alla comunità tribale. Lungo la
strada del Capo, nei villaggi costieri tra Teller e l'aeroporto di
Nome, ero stato semplicemente ignorato. Non avevo avuto
risposta a nessuna domanda. "Buongiorno." Silenzio. "Sono
italiano." Silenzio. Mi guardavano con gli occhi a mandorla
chiusi a fessura, poi continuavano a fare le loro cose. Per loro
ero solo un ficcanaso. E poi nessun bar, posti per dormire in-
trovabili. Nulla che svelasse il Grande Gioco in atto attorno a
quegli stretti che, con l'esaurirsi della banchisa, riaprivano
rotte circumpolari e rendevano accessibili nuovi sterminati
giacimenti di idrocarburi, con enormi conflitti d'interesse tra
Russia, Canada e America.

Nel Mediterraneo, la fine dell'estate genera dolci malinco-
nie. Nell'estremo Nordovest, invece, ti squarcia l'anima di an-
goscia. La discesa del Sole s'accompagna a una grande fuga
che ti fa sentire come l'ultimo sopravvissuto di una catastrofe
nucleare. Partono i pensionati verso la Florida, partono i turisti; cacciatori e pescatori tengono duro ancora due-tre settimane al massimo, per sparire anch'essi alla prima tempesta di
neve. Ma se ne vanno soprattutto i migratori. Sulle brughiere
che fanno da scenario alle correnti oceaniche di Bering la
smobilitazione inizia a fine agosto, quando il cielo è segnato
ovunque da squadriglie di oche, anatre, gru e "sandpipers",
piccoli trampolieri dal becco lungo a canna di flauto. Li avevo

visti passare in formazione, disegnando in cielo grandi x all'incrocio delle loro rotte transoceaniche. Se ne andavano strappandoti il cuore, mentre la linea bianca dei ghiacci ricominciava a stringere il mondo da nord.

Posto pazzesco. Fine del mondo e al tempo stesso stretto. Una contraddizione in termini. Bering è uno spazio dove la natura ribolle e deflagra. Per una questione di scarsa salinità, il Pacifico comincia a correre verso nord già all'altezza della penisola di Kamchatka, quella specie di zoccolo, grande come l'Italia, un posto pieno di vulcani che sulla mappa fa sembrare l'Eurasia una strana mucca che scalcia. Già quando arriva all'altezza delle Isole Aleutine, allineate in senso est-ovest, coda della spina dorsale americana, la corsa è tale che tra un'isola e l'altra il mare s'ingolfa creando uno scalino di mezzo metro. Una volta sullo stretto, il Pacifico diventa una carica di cavalleria, un fiume incontenibile, con punte di settanta chilometri al giorno.

Dall'aereo avevo visto uno spettacolo indimenticabile. Acqua marrone sulla costa, per i sedimenti dello Yukon. Acqua blu notte tra le Isole Diomede e la costa americana, a indicare il canale d'uscita dell'Oceano più grande del mondo. E poi fiumi e fiumi sottomarini che prendevano la strada del Polo, a profondità diverse, senza mescolarsi, per migliaia di chilometri. Tutto questo mentre una corrente atlantica, dopo aver circumnavigato il Polo in senso orario a partire dalle Svalbard, accumulava una forza tale da arrivare fino allo Stretto di Davis, in zona Passaggio a nord-ovest, per riemergere nei pressi della Groenlandia. Mi avevano spiegato che sulla costa nord dell'Alaska c'è acqua del Pacifico in superficie e acqua dell'Atlantico in profondità.

Meraviglie, equilibri insondabili ai quali la vita animale si adatta mirabilmente. In quel braccio di mare rigirato dal mestolo dell'universo transitano instancabilmente orsi, foche, leviatani, narvali e orche, e un tempo dev'esserci passato anche l'uomo, se è vero che gli eschimesi alaskani sono arrivati dalla Siberia e hanno ancora gli stessi zigomi dei loro cugini in terra russa. Ma anche il ghiaccio, lì intorno, subisce mutazioni stupefacenti. Non diventa banchisa piatta, non crea le infiorescenze e le trame sottili con cui normalmente comincia a consolidarsi nelle acque più ferme. Non avanza nemmeno, come un fronte. Si accumula invece, rabbiosamente, con tempeste, nevicate, agglomerazioni tondeggianti dette "pancakes" che poi riempiono gli interstizi con altro ghiaccio mobile. Solo alla fine tutto si salda, e Bering diventa teoricamente percorribile a piedi. Ogni tanto c'è qualche pazzo che pure ci prova, per scomparire nella tormenta, per via delle tremende spinte sottostanti che sollevano lastre di ghiaccio come pietre tombali di un cimitero abbandonato.

SENTINELLE

A chi, come me, è nato in Adriatico, non la darete a intendere che i fari più belli d'Europa stanno in Bretagna o Cornovaglia. Sappiatelo, voi che amate il mare e vi fate infinocchiare dalle foto che glorificano torri oceaniche assediate dai marosi. Il Mediterraneo non è da meno. Sulla costa dalmata, in un pomeriggio di Maestrale, ho visto dei francesi restare a bocca aperta davanti al monolito strapiombante di Struga, nell'Isola di Lagosta. E una notte, in un passaggio a vela sulla costa sud della Sardegna, ho sentito dei tedeschi mormorare "unglaublich", incredibile, sotto le scogliere di Capo Spartivento. Il bastione rossastro li dominava da ottanta metri, tre lampi bianchi ogni quindici secondi, in un frastuono di risacca.

Non so cosa avrebbero detto, quegli stranieri, davanti alla mia formidabile sentinella di luce, quando, col mare ancora in ombra, il primo Sole trafigge la lanterna sommitale protetta da sedici teste di leone ruggente. Con quali aggettivi avrebbero definito le perfette fondamenta, piantate nella cuspide della montagna come un molare nella sua gengiva, cosa avrebbero detto entrando nel vestibolo del pianoterra, aperto fra i quattro pilastri angolari della torre e l'accesso ad arco ai quattro corridoi? Avrebbero trovato le parole per descrivere le scale semicircolari dai gradini con pietra a vista o il geniale sistema di raccolta dell'acqua piovana dentro una cisterna ancora perfettamente funzionante dopo un secolo e mezzo?

Eppure, provate a cercare un calendario con i fari mediterranei. Non ne troverete, nemmeno nei negozi specializzati di marineria. Anche a Corfù, alle Baleari o sull'Isola di Malta vi rifileranno solo gigantografie con le blasonate fortezze costiere d'Irlanda o Normandia. Quasi ovunque, dalla Spagna al Libano – ma in special modo in Italia –, sentirete imperare questa sudditanza, questa genuflessa umiltà degli eredi dei Greci e dei Fenici di fronte all'anemico immaginario del Nord Europa. Nessuno vi dirà delle torri genovesi o dei resti impressionanti del faro di Alessandria, il Grande Capostipite. Non troverete nessun calendario illustrato con le spettacolari torri di guardia erette contro i Saraceni sulle coste della Sicilia o con le immense rovine dei fari di epoca romana.

Leggo su un portolano del 1925: "I Romani costrussero fari monumentali su tutti i promontori del loro vastissimo impero: se ne vedono ancora le rovine di molti, e sono così resistenti da non trovare confronti colle malte e colle mura moderne". La grandiosa torre di luce di La Coruña, alta sessantotto metri e piantata sugli scogli atlantici a ovest di Santiago di Compostela, fu costruita diciannove secoli fa, al tempo di Traiano imperatore, e funziona ancora. Un manufatto romano. Quale dimostrazione migliore che i fari atlantici altro non sono che una pallida imitazione di quelli mediterranei?

I grandi fari sono figli degli imperi, non delle nazioni. Una rete capillare di luci amiche dei naviganti richiede una certa visione del mondo. Esclude gelosie protezionistiche, e guarda al mare come a un ponte. Non a caso, il pelago diventava "pontos" nella filosofia commerciale dei Greci. Dove, se non nel Mare nostrum, poteva svilupparsi questo pensiero? Lo capisci soprattutto sulle coste rocciose dell'Adriatico orientale, da Trieste in giù, dove l'impero austroungarico si dotò, nel diciannovesimo secolo, di una sequenza di fari di insuperata bellezza e solidità. I quali col passare degli anni sembrano accrescere, anziché perdere, la loro aura di favola, di fronte alla miseria del presente.

In Grecia o Turchia c'è poco di paragonabile all'Adriatico, ripete Piero, il mio skipper-filosofo. "Hai quelle costruzioni anni trenta o cinquanta, più o meno tutte eguali da Brindisi a Beirut. Mi piacciono pure quelle, hanno odore di sale e di piscio, di fascismo, di colonie... Arrivi a Kos, sei a due metri dalla costa turca, e ti pare di essere a Ostia o a Latina..." Il secolo delle nazioni e dei regimi pensava alla scenografia, non alla solidità. Per trovare qualcosa di buono devi cercare indietro nel tempo, tra i fari veneziani come quello di Fiscardo a Cefalonia: una torre, nulla di più, ma affacciata sul canale di Itaca, forse "il più bel paesaggio del mondo". E poi c'è Cnido, in fondo al promontorio di Marmaris, altissimo sul giro di boa fra l'Egeo e le isole orientali del Dodecaneso.

Ma ecco le meraviglie di questa mia Isola sperduta. Dove potrei trovare sulle coste atlantiche un faro come questo, capace di essere al tempo stesso sentinella dei naviganti, osservatorio astronomico, stazione meteorologica, tempio della botanica, altana per birdwatchers, sismografo, laboratorio marino e giacimento di antichità greche, romane e medievali? Ma non basta, perché esso è anche antro di Efesto, approdo di pescatori e rifugio per pellegrini, eremo e palazzo reale, ripetitore di frequenze stellari, formidabile luogo dell'anima dove meditare. Solido e trincerato come una fortezza in basso, leggero e luminoso in alto, il faro è anche magnifico osservatorio, calamita irresistibile di pensieri vagabondi.

Passo giorni a esplorarlo, facendo sempre scoperte inattese. La proporzione aurea delle facciate minori del parallelepipedo, la sequenza delle sette finestre allineate sui lati lunghi, i serramenti originali ancora buoni, dipinti di verde scuro, i davanzali incorniciati in legno. Il pozzo di ispezione della cisterna, i parafulmini, il sottotetto a padiglione, il forno del pane, il pavimento di nobile pietra calcarea lustrato dai passaggi. E poi la scelta dei colori. Il nero delle ringhiere, l'azzurro dei corridoi, il verde delle imposte, il rosso sui davanzali delle finestrelle, il bianco della lanterna. La torre, che da ottagonale diventa tonda e, più in alto, prisma a sedici lati.

E poi le lastre di vetro, ingabbiate in cornici di ferro con maniglioni laccati. La vista immensa, la luce. In ogni dettaglio, il segno di un'illuminata ricerca del bello, atta a far vivere al meglio i forzati delle tenebre.

LA VISIONE

La lanterna del faro, in un giorno di tempesta, è la miglior sala di lettura che ci sia. Sei in alto mare, ma senza il fastidio di rollio e beccheggio. La furia degli elementi, al contrario, ti chiude in un involucro dove fermentano pensieri nuovi e inauditi. Adesso per esempio, alle ore 18.00 del tredicesimo giorno in mare: a nord-ovest lampeggia e io me ne sto comodamente seduto sul pavimento metallico che fa da base alla lampada, con la schiena appoggiata ai vetri perimetrali, ad aspettare la pioggia. Ho sulle ginocchia un vecchio librone sull'Isola, che ho trovato sulla mensola del vestibolo accanto al modellino di un veliero. È scritto in una lingua che non conosco, ma ha qualche riassunto in inglese e magnifiche illustrazioni in bianco e nero, oltre a mappe e diagrammi che qualche informazione riescono a darmi.

In questa magnifica parentesi di tempo immobile, scopro che su questo scampolo di terra deserta non c'è pietra che non abbia un nome e i toponimi sono più fitti dei numeri civici del rione di una metropoli. Non vuol dire solo che questo posto in mezzo al nulla è stato abitato da millenni, da cavatori di selce, monaci, marinai, faristi, mercanti, pirati e chissà quali altri ancora. Vuol dire che per i pescatori riconoscere alcuni punti esatti dell'Isola è stato – ed è tuttora – essenziale per traguardare i fondali migliori. Nella sua parte sommersa, in alcuni punti precisi, la montagna del Ciclope pullula di pesci, e per riconoscere quei punti nel vasto mare devi guardare bene la terraferma. Per esempio, quando lo scoglio X si allinea con la chiesa di San Michele e nello stesso tempo lo scoglio Y si piazza davanti al faro, allora vuol dire che la triangolazione è perfetta e puoi buttare le reti. Cose che non puoi capire se dipendi dal Gps.

Ne consegue che, senza antidoti, la navigazione satellitare finirà per distruggere i nomi di luogo e la memoria stessa che essi contengono, rubando loro l'anima. Così penso in cima al faro, mentre la pioggia comincia a tambureggiare sui vetri. Sorseggio il bicchiere di Malvasia che ho portato fin quassù per la scala a chiocciola; ha un gusto superbo qui in mezzo al cielo, sul pennone di pietra della mia Isola navigante. Fa sempre più buio, la lampada si mette in moto e il libro illuminato dai lampi sulle mie ginocchia bisbiglia i suoi segreti. Misurazioni di abissi, nomi di pescatori, storie di antiche, durissime regate a vela e a remi, dove il vincitore conquista il diritto di pesca attorno all'Isola, e poi migrazioni di sardine, cocci di ceramica greca, tracce di un'antica presenza veneziana in qualche nome di luogo: Polenta, Calamita, Punta, Levanta, Strada, Confin.

Per leggere ora devo accendere la lampadina frontale. Sento che l'Isola è un sensore nell'universo che la circonda. Un'antenna parabolica di pensieri vaganti. Qui sento, non ho bisogno di capire. Da quassù io li vedo a occhi chiusi, gli ufficiali delle navi che traguardano la mia luce. Li tocco, i radar che navigando segnalano la mia presenza. Li sento, i gridi delle rondini che puntano su questo scoglio per passare la notte durante la migrazione. Posso udire perfettamente Radio Malta che dà il bollettino dei transiti dei barchini di disperati dal Nord Africa. Avere la visione d'insieme: è questo che significa per me la percezione pelagica del mondo. A Berlino non possono capire, e nemmeno a Roma o a Parigi, perché la loro è una cultura di terraferma. Non hanno visionari, solo analisti nei loro fottuti uffici.

In questa sera da lupi, dentro la lanterna aggrappata agli abissi, sento il mio mondo alla deriva come non l'ho mai sentito. Le inquietudini del Maghreb, i Balcani dove nulla è stato risolto, la distruzione sistematica della Siria, Israele, l'offensiva jihadista in Iraq, la Turchia, il Caucaso, l'Egitto... Le ondate di migranti che mi circondano dall'Egeo al Canale di Sicilia... Che ne sapete voi dell'Europa forte, figli delle brume degli oceani, voi con i vostri polli e maiali, i vostri scaffali pieni di cibo e i vostri container? Come potete illudervi di governare il mondo con i droni, come potete percepire l'esaurirsi delle risorse del Pianeta, se non passate una notte di mare, frugale come questa, soli nel temporale, a distillare da una piccola radio i destini della Specie? Come potete capire, se non venite a sentire questo spazio inquieto, sempre più depredato e stanco, che fu glorioso di reti e mercanzie e ora parla del nostro futuro più dei vostri miserabili calcoli sul Pil?

Fuori ulula. Mi rendo conto di come sia illusoria ed effimera la pace anche in luoghi fuori dal mondo come questo. Isole felici non ne esistono. Un nome su tutti: Lampedusa, approdo d'elezione dei disperati in fuga dal Nord Africa. Dalle Guerre puniche, ma forse anche da prima, la sua storia è una sequela di incursioni, stragi e deportazioni di civili. Romani, Cartaginesi, Arabi, Normanni, corsari barbareschi, Saraceni, Aragonesi, Ottomani, colonizzatori borbonici, Francesi, Italiani: una sequenza infinita di ribaltoni. Per non parlare delle mire di Russi e Alleati angloamericani su quello scoglio desertico, che però gode di una posizione privilegiata di controllo fra il Mediterraneo d'Oriente e quello d'Occidente.

Bevo un altro sorso di vino e penso che sto facendo cose che non ho fatto mai. Parlo da solo, leggo ad alta voce, canto camminando tra i cespugli di assenzio o preparando la minestra della sera. Ho anche la sensazione che il mare aperto lentamente disidrati i pensieri, renda superflua la sintassi, le spiegazioni, come se fosse vano comunicare l'incommensurabile. Diventi come Ungaretti in trincea, digrigni parole sempre più scabre, sei trafitto da un raggio di sole, crocifisso a una costellazione, lì in mezzo al nulla. Le tue giunture diventano stelle; gomiti, ginocchia, mani e piedi tracciano misteriosi segni zodiacali. E soprattutto senti che è subito sera. Scrivo spesso per disciplina, per mestiere o per autosuggestione. Scrivo perché lascio che sia il mare a dettare la storia. Ma sento che, se davvero non opponessi resistenza, quello stesso mare mi porterebbe pian piano al silenzio.

All'ultimo imbarco, prima di traversare verso l'Isola, ho visto in porto una mezza dozzina di vecchi, rugosi lupi di mare, seduti al tavolo di una taverna col loro vino e il rosario in mano. Non dicevano nulla, guardavano i riflessi dell'acqua attraverso le fessure degli occhi. Chissà quali pensieri abissali, pensai tra me, chissà quali storie, quali memorie, quali oceani. Oggi mi chiedo: e se dietro quegli sguardi ci fosse il nulla dell'oblio, lo scorrere silenzioso del Lete, la resa di fronte al non senso del mondo? E se i gabbiani, con quel loro occhio giallo e indifferente, avessero già capito tutto senza l'aiuto di Aristotele, Voltaire e Galileo?

Come quei vecchi greci persi nell'ouzo, un komboloi fra le dita, d'inverno mi metterei anch'io vicino al fuoco, nella penombra di una piccola cucina, fino diventare immobile, fino a farmi seccare la carne, liofilizzarmi, trasformarmi in mummia e poi in un'icona simile a quelle che roteano gli occhi in certe sperdute chiese bizantine. Vivere un trapasso inavvertibile dalla condizione biologica a quella minerale. Appiattirmi, diventare pergamena, amuleto, essere appeso al muro in una cornice, come i mosaici di Sant'Apollinare in Classe a Ravenna. Dall'alto di quella parete, sentirei i miei nipoti e i nipoti dei miei nipoti che, guardandomi, non dicono "quello era il nonno", ma "quello *è* il nonno", perché oscuramente intuiscono che nella reliquia alberga ancora un barlume di esistenza.

In lontananza, nella pioggia, vedo passare una gigantesca nave da crociera illuminata, una bestia da cinquemila persone. La riconosco, l'ho già vista invadere Venezia con la sua mole disumana. Mi torna in mente che, quando me ne fecero visitare una, i costruttori mi mostrarono con orgoglio che ai piani bassi, oltre all'ospedale, esistevano anche cinquanta celle frigorifere per eventuali decessi a bordo. Il viaggio di quel condominio galleggiante non si sarebbe dovuto fermare mai, nemmeno in caso di morte. Sì, c'era il diavolo lì dentro. E poi, dov'era il profumo del mare? Il suo senso, il suo mistero? No. Mille volte meglio la mia piccola Isola, il mio cucinino, la mia povera dispensa, la mia vecchia coperta di lana. E la mia solitudine.

CAMBIO DELLA GUARDIA

Quindicesimo giorno, il faro è in agitazione da almeno ventiquattr'ore. Stamattina arriva il nuovo Capitano, con la moglie e il figlio, e il cambio della guardia è preparato da giorni. L'operazione è complessa, anche perché il buon farista, quando sgombera, non lascia quasi traccia di sé. Spesso si porta via tutto, anche lo zucchero e l'olio d'oliva.

Per questo motivo, con l'avvicinarsi del trasloco, le sveglie dei guardiani si fanno più mattiniere e le pulizie più accurate. La scopa danza, le scatole e i sacchi di vestiti sono già pronti dalla sera precedente. Bisogna calare un'intera casa con la teleferica e con la stessa teleferica farne salire un'altra. Nuove reti, nuove patate, nuovo vino. Per non parlare del pesce in partenza, da trasbordare sulla navetta in casse-frigo più piccole.

Alle otto il Capitano è già sulla murata di pietra col binocolo, a scrutare l'orizzonte, con tutta la roba accumulata nel vestibolo del faro. Qui non è come veder smontare un piantone alla garitta della caserma. Tutto è più complesso e carico di rituali. L'operazione va sbrigata con ordine, senza dimenticare nulla, senza errori e inutili saliscendi, perché la barca che mette a terra i nuovi turnisti si porta via in fretta anche quelli a fine missione. Dunque persino i minuti sono preziosi, perché il trasbordo può funzionare solo col bel tempo, che qui è spesso una tregua fra due buriane.

E poi arrivare dal mare non è un arrivare qualunque. "Colui che viene" è solo un puntino all'orizzonte, che attendi ma si materializza in quell'immenso spazio desertico a un'ora che non sai. In quel grande nulla, la sua apparizione è miracolosa, egli diventa Gesù Cristo che cammina sulle acque del Lago di Tiberiade, o Ulisse dritto sulla prua della sua nave mentre i compagni vogano nel mare color del vino. Se poi chi si attende è una donna – e qui sono rarissime, salvo d'estate quando arriva qualche barca di turisti –, eccola tramutata in polena, Afrodite che esce dalle acque.

In mezo al mare xe un bastimento
aspeta 'l vento per navigar.

Su un'isola l'arrivo è ancora più speciale, perché anche "colui che attende" sta in mezzo al mare, su qualcosa che equivale a una nave, in cima a una coffa altissima che lo lascia guardare più lontano di qualsiasi transatlantico. È incredibile quanto ci si possa consumare gli occhi nella ricerca di qualcosa in mezzo a uno sterminato deserto di acque.

E viva el mar, e viva el mar
son mari-marinaio e viva l'amor.

Da lassù l'avvistamento è un tuffo al cuore, diventa un urlo come di gabbiano, simile a quello di Achab che sente odore di capodoglio e, dopo essere stato issato a braccia sull'albero del *Pequod*, lancia il famoso grido alla vista della balena bianca: "Laggiù soffiaaa!".

Ma eccolo finalmente, il puntino, segnalato da una scia bianca di schiuma. La barca arriva improvvisamente velocissima, in dieci minuti è già alla svolta fra l'Isola e il suo satellite di pietra a est. Scompare dietro i faraglioni a oriente, poi ricompare, butta l'ancora sotto la torre di luce per essere subito abbordata dalla barchetta col farista più giovane al timone. Ed è solo l'inizio di una spola infinita attorno al cavo d'acciaio agganciato direttamente al fondale.

Riempire un montacarichi col mare mosso non è facile, le comunicazioni con i walkie-talkie sono fitte, martellanti e costellate di imprecazioni, urla, fischi spaccatimpani per superare il tuono della risacca. Due ore, per finire tutto. Spedita l'ultima cassa di pesce, il Capitano uscente si veste di tutto punto, camicia bianca di lino, fuma l'ultima sigaretta e sparisce con passo elastico giù per la rampa, in direzione della Salamandra.

E già vedo da lontano il nuovo farista salire con fatica sotto il sole. È certamente più vecchio, sono almeno trent'anni che fa il suo mestiere sull'Isola. Quando appare all'ultima svolta del sentiero, a picco sugli strapiombi sud, vedo materializzarsi un uomo che può essere turco, italiano, greco, francese o croato. Corporatura da patriarca, sguardo di chi ha passato molte bufere e cerca la bonaccia nella vita.

Non c'è diavolo di nazione che lo riassuma. È una di quelle persone per le quali funziona un solo aggettivo, una sola definizione possibile: "Mediterraneo". Me lo immagino con un rosario in mano e un bicchiere di ouzo ad aspettare la sera in un bar di Mykonos o seduto a piedi nudi ad aggiustare le reti su un molo di Formentera. E dunque chiamiamolo Nicola, come il patrono dei naviganti, il santo che allontana le buriane, l'esorcista del malocchio effigiato nelle icone. Il vero capitano delle navi, quello che fa dei comandanti gallonati dei semplici prestanome.

Per il resto dei miei giorni sull'Isola, non lo vedrò più scendere al mare. Aggiusterà le sue reti su al faro, delegando la pesca a moglie e figlio, Maria e Tommy. Conosco bene, nei marinai mediterranei, questa sindrome del califfo che per secoli li ha fatti stare pacifici al timone, impartendo ordini alle femmine che sfacchinavano a prua o sottocoperta.

Il vecchio Ovidio Schiattino, esule di Zara con casa a Trieste, aveva una barca dalmata panciuta, tipo "brazzera", una specie di Tir del mare destinato ai carichi pesanti, chiamato così perché "se sburtava coi brazzi", e un giorno a questo proposito mi descrisse una scena memorabile: "A pupa iera l'omo che tigniva el timon e fumava el spagnoleto... davanti vogava le done, che gaveva sete cotole, sete cotole le gaveva, ala maniera de Sànsego, e niente mudande". E aggiunse: "La pensi, quele sposade gaveva la scoladura a V e quele vergini quadrata". Storie simili le ho sentite anche nelle Cicladi e nel vecchio porto di Barcellona.

E così, come previsto, la bionda moglie di Nicola diventa in poche ore regina dell'Isola: alla fine della prima giornata, sfruttando il bel tempo, ha già buttato le reti, ripulito l'orto, raccolto tre secchi di escrementi d'asino come concime, cucinato una zuppa di pesce, riempito gli armadi. Tommy è in officina al pianoterra, lo sento che lavora con la sega e il saldatore. Nicola controlla meticolosamente la trama delle sue belle reti.

Con la partenza dei primi faristi, l'arietta bucaniera si è dissolta come d'incanto e ora, attraverso la porta aperta, in fondo al corridoio, vedo accendersi in cucina un nuovo fervore ciarliero che scalda l'anima. Impasto il mio pane azzimo con allegria, per una pita alle erbe selvagge, con aglio e formaggio di capra. Fuori picchia la Tramontana e un traghetto greco passa veloce come un barracuda.

LA CAMBUSA

Sedicesimo giorno. Sveglia con temporale, scrosci da sud-est e colpi di vento sopra l'Isola. E meno male che non doveva piovere mai. Troverai clima libico, avevano vaticinato i marinai da bar a Trieste. Balle del tipo: sarai su una delle isole più secche d'Europa, portati una robusta scorta di acqua. Io so che oggi l'acqua sventaglia sui vetri della lanterna, tamburreggia sul tetto, mormora nelle grondaie, canta nei pluviali, gorgoglia nei tubi di raccolta e scroscia benedetta nella cisterna nascosta nei sotterranei del faro. E so anche altro: quell'acqua basterà per tutto l'anno ed è tra le più buone che abbia mai bevuto. Fresca di rubinetto, con un dito di vino, disseta che è una meraviglia.

Il mio faro è un monumento alla preveggenza dei bei tempi andati, e ogni volta che ne varco la soglia innalzo un *Te Deum* di ringraziamento all'ingegner Richard H. che l'ha costruito un bel po' di anni fa. Oggi è giornata da star rintanati e godersi tutto, questo favoloso maniero a prova di burrasca. Tempo per fare l'inventario in cambusa e cucinare qualcosa di buono. Qualcosa si fa per dire: ieri sera il farista mi ha regalato una scarpena di un buon chilo e mezzo, una bestia color del fuoco, ancora viva, dall'occhio e le pinne di drago. E già che c'era, la moglie del Capitano mi ha spiegato come trasformare in zuppa quel pescione ispido e pieno di punte, che è una delle cose più buone che Dio ci abbia messo a disposizione nelle acque del profondo.

Che meraviglia. Fuori vorticano le streghe, e nella trincea della tua cucina inizia il rito con tutte le sue liturgie: pulire il pesce, tagliarlo a pezzi grossi, dividere la testa per lungo, una branchia per parte. Poi quattro-cinque cipolline crude divise anch'esse per lungo, un mazzetto intero di prezzemolo, mezzo cucchiaino di sale, due cucchiai rasi di polvere di dado vegetale, pomodoro, pepe macinato al momento, un bel po' di olio d'oliva, poi coprire d'acqua e mettere a bollire per mezz'ora. La tecnica è simile ai "brodetti" di istriana memoria. Quando il pesce è pronto, si travasa l'acqua in un'altra pignatta e vi si fa bollire una bella manciata di riso. Così hai primo e secondo insieme.

E quando, alla fine, sei solo davanti a quel capolavoro mediterraneo, magari ti fai il segno della croce che non fai più da anni, e poi vai, a cucchiaiate lente, gomiti sul tavolo e la tua Malvasia davanti. Da quel momento, al mondo, tra un sorso e un boccone non ci sarà che quel battito del cucchiaio nel piatto, e quella coda di scarpena che ne esce. Nel tuo bunker assediato dalla tempesta ti scopri a ridar vita a gesti di frugalità dimenticati, come tostare il pane prima che diventi raffermo per trasformarlo in bruschette all'occorrenza, o pulire con cura la scorza dei limoni perché non ammuffiscano. Rivaluti la ritualità e l'estetica nella preparazione della tavola. Alzi il calice, anche se sei solo. Ti regali un centrotavola di fiori. Disponi con cura le vivande. Mastichi di più e meglio. Diventi conscio che ogni boccone è prezioso. Rivaluti la centralità del pane. E ogni boccone è un'eucaristia.

Sull'Isola sento che si è stabilito un buon equilibrio. Con i nuovi faristi è nato in poche ore, sul filo del corridoio che ci separa, un rapporto basato su uno scambio di cortesie che di fatto, ma solo di fatto, è un baratto. In realtà è cosa assai più nobile, perché nasce dalla voglia di conoscersi più che dalla necessità di avere. E così da una parte arrivano zuppe di pesce, dall'altra risotto allo zafferano. Formaggio, salame e olive rispondono allo spezzatino di pollo. Il vino mitteleuropeo cerca di reggere il confronto con quello mediterraneo. Noccioline tostate e cioccolato si incrociano con ombrine palpitanti da mettere sul fuoco. Ciascuno si dichiara, declina le proprie generalità e la propria cultura attraverso ciò che porta in dono.

Da quando sull'Isola è giunta Maria, poi, la mia tavola si è riempita anche di verdura fresca. In un solo giorno, subito dopo lo sbarco, approfittando di un varco di bel tempo, la moglie di Nicola ha messo a regime i suoi orticelli a terrazza. Era da vederla, col marito e il figlio in mezzo a quel dedalo di muretti a secco. Pareva il pivot di una squadra di basket ben affiatata. Ripulire dalle erbacce, mettere a regime il compostaggio, zappare, piantare i bastoni per i pomodori, distribuire semi e piantine ben differenziate, sistemare i pali e tendere le corde per sostenere la rete di protezione contro i gabbiani, gli autentici e implacabili razziatori dell'Isola. Sul tavolo ho già ravanelli, cipolline fresche, coste, fave, prezzemolo. Ed è solo l'anticipo di quanto sta covando nel giardino delle meraviglie.

Intanto ho cominciato a ravanare nella brughiera per conto mio, e ho trovato un bel po' di roba. Segno che la stagione avanza e la natura si sveglia. Il finocchietto di mare, con le foglie grasse a forma di lancia, perfetto con la cipolla nelle insalate. Gemme di cappero già belle turgide sul lato sud dell'Isola, un piccolo tesoro verde smeraldo che ho già messo sotto sale. Aglio selvatico, che lo trovi dappertutto e quasi ti ubriaca se lo sfreghi. E poi gli asparagi. Ieri, accanto ai resti di una cisterna romana, ne ho trovato un giacimento e ne ho fatto incetta, spaventando parecchi serpenti, poi li ho cucinati con uova strapazzate, contorno di pomodorini, cipolla rossa, olive nere e formaggio greco. Ho cenato alle sei e sono crollato alle nove, al primo buio, con un libro di Derek Walcott sulla pancia.

Sì, la vita è una cosa buona che si sgranocchia lentamente, sotto il Sole o sotto le stelle. Lo sa il mio vecchio amico Antonio Mallardi da Bari, gran conoscitore del mare, che così mi ha preso in giro vedendomi partire da solo: "Se tu fossi un uomo e non un eremita, inviteresti la tua donna e la aspetteresti sulla spiaggia con in mano un vassoio di ricci appena aperti e nell'altra una bottiglia di ouzo gelato, poi le diresti 'benvenuta a bordo'". Avrebbe pagato una cifra per essere al posto mio.

NAUFRAGHI

Saranno le dieci di una notte stellata con vento di Borea, quando mi fa sobbalzare un colpo sul vetro della cucina. Un sasso forse. Sto impastando acqua e farina per scaldare una pita e tappare il buco di una fame improvvisa. Mi pulisco le mani, apro la finestra e vedo la sagoma nera di due estranei con torcia elettrica che si sbracciano nel vento e cercano di dirmi qualcosa in inglese.

"Scusi, lei è del posto?"

Domanda strepitosa. Essere del posto su un'isola disabitata e lontana da tutto è un concetto terricolo che mi fa impazzire. Qui nessuno è del posto. All'ombra del Ciclope non si nasce e tantomeno si muore. Così vuole la leggenda.

Dico che no, sono italiano. "E voi di dove siete?"

"Cechi. Abbiamo la barca all'ancora e ci serve aiuto."

"Bene," rispondo, "scendo a vedere."

Apro il portonazzo e li faccio entrare. Sono intabarrati, portano scarpe impermeabili: devono essere sbarcati come un commando di incursori dal gommoncino di servizio. Ricordo di aver visto prima del buio una vela cercare rifugio a fatica, controvento, sul lato sud dell'Isola. Non è fantastico? I primi forestieri che incontro da quando sono qui sono figli di un paese senza mare e si materializzano così, nel cuore della notte.

Spiegano che hanno problemi con l'ancora e hanno dovuto assicurarsi a uno scoglio. Mi par di capire che hanno bisogno di una chiave numero tredici e di una sega da ferro. Sanno bene che la loro richiesta è disperata: a quell'ora sarebbe difficile soddisfarla anche in una stazione di servizio d'autostrada. Quello che gli speranzosi non sanno è che nella pancia del faro c'è un'officina munita di tutto.

Salgo a chiamare il farista, mezzo assopito davanti alla tv, il quale sveglia suo figlio che parla inglese e capisce rapidamente il problema, scende in laboratorio e stacca gli attrezzi necessari da una rastrelliera munita di decine di chiavi inglesi. Vedo sorrisi radiosi disegnarsi sul viso dei forestieri. Li invito a bere un bicchiere nella mia cucina, racconto che ho un trisnonno moravo di Olomouc e intanto penso alla fortuna di quei due.

Cercare una chiave numero tredici in mezzo al mare, in una notte di poca Luna, in cima a uno strapiombo coronato da un bastione nero come il castello di Frankenstein, salire a tentoni per un sentiero sconosciuto e sperare di trovare esattamente quella chiave chiamando verso l'unica finestra illuminata, è un atto di fede assoluto. Ma il mare riserva di queste sorprese. Un po' come il deserto, dove trovi un meccanico d'automobile anche in mezzo al nulla.

Chiedo: "La prima volta sull'Isola?".

"È il terzo anno che tentiamo di raggiungerla. Le volte precedenti abbiamo avuto sempre burrasca."

Dico, per metterli alla prova: "Dovreste venirci d'estate".

"A noi piace questa stagione. C'è il vento. E soprattutto non c'è nessuno."

"Allora siete dei nostri. Benvenuti, dunque. Alla salute."

"Alla nostra."

Li guardo bene mentre fanno festa alla mia Malvasia venuta da lontano. I loro occhi febbrili dicono tutta la sete di mare che può accendersi in un paese che ne è disperatamente lontano. In quei racconti mediterranei sento la stessa fame di sperdimento che si accende in me quando mi affaccio sulle ondulate pianure oltre i Carpazi, in terre di grandi fiumi come la Volinia o la Podolia. Come sempre, ognuno cerca ciò che non ha.

Quando si alzano per andarsene decido di accompagnarli, così scendiamo insieme raccontandoci altre storie, con le torce che allungano e moltiplicano le nostre ombre nella scarpata. È un passaggio rumoroso, che mette in allarme i gabbiani, e presto tutta la flotta aerea entra in azione. Non abbassano mai la guardia nella stagione delle nascite.

Li vedo sparire nel buio verso la barca ferma a un centinaio di metri, visibile grazie al fanalino in cima all'albero. "Thank you, thank you so much!" li sento ancora gridare nel frastuono della risacca. Poi silenzio.

Sulla spiaggia deserta è una di quelle notti da accendere un bel fuoco. La legna non manca, le mareggiate ne portano a quintali. Il falcetto turco è già tramontato e nel buio pesto le stelle sembrano friggere nell'olio bollente. Canto una vecchia canzone della marina tedesca imparata nel mio viaggio sui fronti della Grande guerra. Titolo: *Matrosenlied*.

Heute wollen wir ein Liedlein singen
Trinken wollen wir den kühlen Wein...

Da est mi risponde un lamento, una via di mezzo tra un piagnucolio e il soffio di un felino. Chissà che non siano le imprendibili diomedee, i grossi albatri che di notte non si danno pace nelle plaghe più remote delle Sporadi e delle Tremiti. Ma è più probabile che si tratti delle grotte marine dove i frangenti comprimono e fanno fischiare l'aria attraverso le fessure.

L'anima inquieta di Richard F. Burton, uomo col diavolo in corpo ed esploratore senza eguali, passò da queste parti più di un secolo fa, negli stessi anni in cui a Trieste stava regalando al mondo la prima traduzione delle *Mille e una notte*, e anche lui sentì la voce del profondo. "About the east end of the island," scrisse, "there are caves, hollows and fissures... and when the water expels the compressed air, produces prolonged groans, like the moans of pain, lugubrious accompaniments to the rough water of storm-lashed wintry night."

Quel lamento l'ho già sentito sulla costa delle Asturie, nel Golfo di Biscaglia, nel Nord della Spagna. L'Atlantico aveva scavato nella roccia calcarea piccoli fiordi dove la marea entrava e usciva furiosamente, ma tutta la costa rocciosa era foracchiata come un formaggio groviera. E la mattina, quando prendevo sulle spalle mio figlio Michele, allora di quattro anni, per andare a passeggiare verso i faraglioni, udivo spesso tra i piedi un fischio come di serpenti. Era l'Oceano che spingeva un pistone di aria compressa nelle viscere della Terra:

"Uuoooooo".

Quando rientro al faro, sento un lamento ancora più profondo. Viene dalla spianata del montacarichi. È il cavo d'acciaio teso fra Terra e cielo che vibra al vento come una corda di chitarra, per una lunghezza di duecento metri. Mai sentito prima un simile basso di tenebra. La notte è piena di voci, come a Lavezzi, l'isola dei naufragi fra Corsica e Sardegna.

Era il 2011 e me ne stavo alla scuola velica di Caprera. Un pomeriggio il vento calò, pensai che l'indomani una finestra di quiete si sarebbe aperta nel mare senza pace delle Bocche di Bonifacio. O almeno lo speravo. Volevo raggiungere quello scoglio perduto l'indomani, nello spazio navale francese, e un bravo marinaio era già stato allertato per la traversata dal porto della Maddalena. L'isola, deserta e acuminata, era stata tomba di molti marinai. Sulla mia mappa era contrassegnata da un'annotazione a matita: *Sémillante*, il nome di una fregata francese che nel 1859 era andata a schiantarsi su quelle rocce facendo morire quasi ottocento marinai. Storia maledetta, che avevo letto una quarantina di anni prima in un mirabile racconto di Alphonse Daudet.

Nessuno si salvò, quel giorno, e i resti umani di marinai e soldati (la nave era in rotta per la Guerra di Crimea) si sparsero in tutte le Bocche di Bonifacio, e più lontano ancora, fino in Gallura. Ciò che rimase dei corpi venne sepolto in due piccoli cimiteri sul luogo dell'affondamento, a Lavezzi appunto, e io lì volevo andare, per sentire la voce dei naufraghi. I marinai della Corsica e della Sardegna conoscevano bene quel richiamo, mi disse quel pomeriggio una donna incontrata in casa dell'ex sindaco della Maddalena, Mario Birardi, un gentiluomo d'altri tempi. L'incontro avvenne in mezzo a carte nautiche e mirabili esemplari dell'"Illustrated London News" contemporanei dell'impresa dei Mille.

Francesca Sanna – così si chiamava – mi disse del timone rotto della fregata francese, del vento spaventoso e del tremendo schianto nella nebbia. E disse del canto ultraterreno di certi gabbiani, la berta minore e la berta maggiore. Un canto nuziale, simile al pianto di un neonato. "Si dice," raccontò, "che il giorno della *Sémillante* gli uccelli si lamentarono come non mai e la notte dopo un pastore rischiò di impazzire a sentirli. Da allora quel grido è diventato annunciatore di naufragi." Francesca raccontava la sua storia tenendo la mano su un vecchio libro aperto su un'incisione. Mostrava Garibaldi in una battuta di pesca alla lampara, e per un attimo il fuoco di lentischi sulla barca sembrò illuminare anche il viso della narratrice.

Il discorso continuò a cena, alla scuola velica di Caprera, dopo un preludio di vino toscano, formaggio di capra e pane pistoccu. Gli allievi di primavera erano quasi tutti vecchie rughe esperte, il vento di quel giorno li aveva ubriacati come un gas esilarante, così le storie cominciarono a fioccare. Naufragi, traversate, nebbie funebri e maestralate abrasive. Tutti avevano qualcosa da dire sulla temutissima Lavezzi. Qualcuno, che ci aveva dormito all'ancora, disse: "Quella notte tutti scherzavamo, ma tutti avevamo paura". Tirammo tardi, in una festa di grilli.

L'indomani Antonello Piras era lì, puntuale alle otto, con la sua pilotina, vettovaglie e vino fresco in cambusa. Disse che il Grecale mordeva ancora nelle Bocche e la traversata poteva essere ballerina. Doppiammo scoglio della Guardianìa, ci districammo in un dedalo di isolotti, costeggiammo le vecchie postazioni d'artiglieria di Spargi, poi fu mare aperto con rotta a nord-nord-ovest verso le rocce calcinate di Bonifacio. Le onde erano sempre più alte, tutta l'acqua tra l'Elba e Civitavecchia, spinta dal vento, sembrava imbottigliarsi in quel collo d'oca. Il motoscafo schizzava in alto, ripiombava giù, e noi dovevamo aggrapparci a tutte le maniglie possibili.

"Ci sono giornate migliori per Lavezzi," disse lapidario il buon Piras smanettando il timone negli avvallamenti tra le ondate. Il mare, forza sette, spingeva duro, più del previsto, ma si andava lo stesso, e l'isola infine emerse dalla buriana. Pareva un grumo di lapidi in rovina, un crollo ciclopico come i templi di Selinunte. Oltre il faro rosso di Lavezzi, solitario ed eroso dai frangenti, l'isola si delineò come lo scheletro di un capodoglio. Sul lato sud il mare era tranquillo e, in un turbine di gabbiani, buttammo l'ancora in una baia a due passi dalle rocce del naufragio, sospesi su un mare brulicante di pesci.

A terra, le ossa del leviatano di pietra avevano ogni forma possibile: teschi e femori, costoloni, vertebre. E in quel dedalo cimiteriale si era infrattata, segnando una miriade di sentieri, una sabbia granulosa e brillante portata dal vento. Il cimitero degli ufficiali era a pochi metri dalla baia. Uno schieramento di lapidi chiuse da un muretto e slavate dalle intemperie. Solo la tomba del capitano era leggibile. Stava scritto:

GABRIEL

MON CHER FILS

TA MÈRE

TE FEMME ET TES SOEURS...

"Gabriel, figlio mio caro, tua madre, tua moglie e le tue sorelle vorrebbero deporre sulla tua tomba la testimonianza del loro dolore. Per trent'anni hai navigato lasciandoci nell'inquietudine, ma ogni ritorno era la gioia. Speravamo per te. E invece tutto è finito in questo funesto naufragio".

Il posto era punteggiato di fiori gialli e una volta di più dovetti constatare quanto spesso l'orrore sa trasformarsi in bellezza. Cercavo le voci, quel biancheggiare come di ossa riportava fatalmente alle sirene mangiatrici di uomini, ma gli uccelli ostinatamente tacevano. Anzi, sulla tomba della *Sémillante* era sceso un silenzio leggero. Piras brontolò: "Lavezzi va vista d'inverno, magari con la pioggia. Il mare si vive d'inverno. In quella stagione è tutto mio. D'estate, invece, è cosa di tutti".

Fu allora che sentimmo un canto. Due, forse tre voci femminili. Venivano dalla superficie dell'acqua, in direzione di una cala protetta da scogli, sul nostro stesso versante dell'isola. Era un piccolo coro di donne, ma non si vedeva anima viva. Noi non fiatavamo, in attesa dello svelamento. Poi le sirene apparvero, erano quattro giovani che si erano tuffate da una vela francese – l'unica barca nei dintorni – e ora nuotavano nel mare freddo di primavera. Distinguemmo solo alcune parole.

> *Le vent, le vent, le vent...*
> *le vent de la vie... de l'esprit...*

Nuotarono come sospese, ci girarono attorno ignorandoci, poi scomparvero. E quando il canto tacque, ebbi la certezza che se anche il mare e il Mistral avessero piallato l'isola e i suoi cimiteri, se anche le berte annunciatrici di sventura si fossero estinte, la voce del luogo sarebbe rimasta egualmente lì, rintanata nel nome.

"Lavezziiiii!"

La sera a cena, dopo un ritorno burrascoso, gridai quella parola verso il mare. Mi risposero tutte le isole intorno. Poi un silenzio tombale scese sull'intero arcipelago.

IL Y AVAIT UN PHARE

Il primo a parlarmi dell'Isola era stato un capitano turco, alla fine degli anni ottanta. Ricordo solo il nome della sua nave, *Kaptan Özege*, un trabiccolo carico di storia che portava camion da Trieste a İskenderun, l'antica Alessandretta. Le crociere su navi da trasporto sono mille volte meglio dei viaggi per mare sui lager di lusso, e io, forte di questa convinzione, avevo cercato e ottenuto un imbarco su quel rugginoso mercantile battente bandiera scarlatta con Luna crescente. Conoscevo i camionisti turchi dei tempi eroici. Ne avevo sperimentato la valentia sui polverosi sterrati dell'Anatolia e avevo anche viaggiato su uno dei loro monumentali quattroruote tintinnanti di amuleti. Dunque, la compagnia era perfetta per me.

Fu un viaggio memorabile. L'automobile col suo carrello-tenda, agganciata a robuste catene contro il mare grosso, era parcheggiata fra due Tir. I miei bambini, che avranno avuto allora rispettivamente undici e sei anni, vivevano la nave in assoluta libertà. Imparavano numeri e parolacce in turco dai marinai, impastavano il pane con il cuoco di bordo, prendevano persino il timone sotto l'occhio vigile del primo ufficiale. I pasti erano squisiti, la cucina turca è una delle migliori del mondo. Ma la delizia erano le notti, quando ci stendevamo con una stuoia sopra il ponte e guardavamo l'universo stellato beccheggiare col ritmo lungo del vento di Levante. Al largo del Dodecaneso vedemmo pesci fosforescenti volare sopra le acque calde del Mediterraneo.

Fu in una di quelle notti che il capitano mi parlò di isole. Come tutti i Turchi, soffriva di claustrofobia per via dell'Egeo completamente in mano greca. Quel confine marittimo che arrivava a un metro dall'Asia Minore gli metteva addosso una fame inesausta di arcipelaghi. Passando fra Citera e Capo Matapan, con Creta a due ore appena, la nave puntò su Santorini e il vecchio stambuliota a fine carriera, fumando con immensa malinconia una sigaretta sulla murata, cominciò a distillare memorie di mare. Vennero fuori Pantelleria, l'Île-de-Sein in Bretagna, la solitaria Linosa, la piccola Adalar a sud della parte asiatica di Istanbul. E venne fuori anche l'Isola, selvaggia e disabitata, con la sua torre di luce ad altezza fenomenale sul mare infinito.

Il faro tornò a chiamarmi una ventina d'anni dopo, a Marsiglia. Ero lì a farmi di profumi, aglio-menta-rosmarino, quando attaccai discorso con un giovanotto di nome Lionel, che serviva come cameriere in un ristorante dalle parti delle Calanques e aveva fatto il cuoco per una decina d'anni sulle navi da carico. Mi parlò delle mille ricette e contaminazioni culinarie che aveva rubato qua e là viaggiando per mare. Poi, non so come, il discorso cadde su un'isola. La chiamava "il condominio sommerso dei pesci", per via della sua straordinaria pescosità, ma non ne ricordava il nome. Disse però che "il y avait un phare" a strapiombo, che – come uno scoglio di sirene – attirava tutti quelli che ci passavano accanto. Ne feci il nome, e lui rise: "Oui! Voilà nôtre île".

Da allora le chiamate si sono moltiplicate, e il luogo mi è cresciuto dentro come mito e desiderio, finché non è giunto l'ultimo e decisivo incontro. Era un archeologo dalmata specializzato in storia del Mediterraneo, e si chiamava Branko Kirigin. Era stato più volte su quello scoglio sperduto e negli anni novanta vi aveva svolto una campagna di scavi. Quando lo cercai per saperne di più, mi invitò subito a cena nella sua casa di Spalato e mi riversò addosso una montagna di storie. Era un visionario: tracimava di immagini più che di dati scientifici. Evidentemente l'Isola era per lui un luogo dell'anima, oltre che un oggetto di studio.

Quella sera masticammo nomi greci e versi di Omero insieme a gamberi e baccalà con le patate, finché non giungemmo al cospetto dell'Ultima Thule, il favoloso baricentro del "pontos", il luogo da dove nelle giornate nitide è possibile vedere il Continente e nello stesso tempo, dal lato opposto, l'Arcipelago. Seppi che su quel gigantesco, solitario catafalco di pietra, visibile da trenta miglia almeno, era stato forse sepolto uno tra i più famosi dei reduci dalla guerra di Troia. Era stato un bambino, il figlio di un farista, a strabiliare persino gli archeologi inglesi, mostrando loro un coccio di ceramica greca. L'aveva trovato da solo, frugando sotto il muro franato di un insediamento ellenico. Quel coccio portava un frammento del nome dell'Eroe, nome che ovviamente non farò, e che stranamente coincideva con quello di un piccolo arcipelago incontrato oltre il Circolo polare artico, a undici fusi orari dal mio scoglio solitario.

Il Greco doveva aver molto navigato, un po' come Pitea scopritore di Thule, a giudicare dagli indizi e dai toponimi seminati un po' dappertutto nel Mediterraneo e altrove. Nel solo Adriatico, iscrizioni col suo nome sono state trovate in Dalmazia, a Pola, alle foci del Timavo, a Brindisi e Manfredonia, e questo per citarne solo alcuni. La leggenda dice che al ritorno da Troia trovò la moglie trasformata in puttana da Venere, e subito ripartì per altre terre e altre avventure, e questo per morire, si dice, su un'isola. Fu lì che dopo la sepoltura i suoi compagni vennero trasformati in uccelli marini per custodirne la tomba. Numerose cime tempestose, tra cui la mia, si contendono l'esclusiva di quel misterioso epilogo, ma più prendo confidenza con questo scoglio, più ne contemplo il formidabile isolamento e la mole a strapiombo sul mare, e più mi convinco che Lui dorme a due passi dalla mia torre di luce. Anzi, ne è l'anima.

"Restammo di sasso," disse l'archeologo croato, "quando, scavando intorno all'avvallamento chiamato col nome della lucertola, trovammo frammenti di ceramica greca di grande raffinatezza. Fino ad allora si era parlato solo di resti neolitici e romani. Il coccio col nome di lui ci folgorò definitivamente. Poteva davvero essere quello il luogo. Rilessi Plinio e Strabone e vidi che le descrizioni erano compatibili con la posizione dell'isola. Scavammo una trincea, e la stratigrafia confermò la datazione. Il terreno era magnificamente inesplorato. Ma, assai più degli argomenti razionali, ci convinceva la potenza solitaria del luogo. La sua forza mitologica... L'isola ci aveva conquistato. L'archeologia è fatta anche di questo."

Scorsero molto vino e molto inchiostro – sul mio taccuino – in quella sera adriatica, mentre Branko sparava storie pazzesche. Disse di vecchie barche di legno portate in processione e bruciate in onore degli dèi nel giorno di San Nicola, patrono internazionale dei naviganti, e disse di quelle ceneri benedette che poi venivano trasferite come talismano sulle barche nuove in costruzione. Narrò di pescatori di un'isola colonizzata dai Greci che uscivano ancora in mare nudi, tale era la lotta con gli elementi nella caccia agli scorfani e ai dentici annidati in quei fondali. Raccontò di isolotti pescosissimi dove la bussola impazziva e dove, dicevano i marinai, non servivano droghe per stare svegli la notte. Celebrò la fantastica altezza del faro e la potenza del Sole che consumava l'intera sua parabola da mare a mare.

Profetizzò: "Non ti annoierai mai. È grande come un fazzoletto, ma non ti basterà un mese per esplorarla tutta". Si commosse: "È un luogo razionalmente incontrollabile, ogni giorno è diverso, ogni vento ti scatena una tempesta di sentimenti inattesi". Raccomandò: "Portati limoni, per condire le patelle, che sono grandi come capesante". Capii che moriva dalla voglia di tornarci e lo invitai a partire con me, il giorno che lo avessi deciso, ma lui disse no, non ci sarebbe tornato mai più. Gliene chiesi il motivo ma non volle dirmelo, e io pensai che era scappato dall'Isola come Odisseo da Calipso, forse perché si era trovato a un passo dallo sperdimento, ai confini dell'eterno, e aveva preferito rientrare come comune mortale alla sua Itaca profumata di rosmarino. È stato anche a causa di quel diniego che sono partito da solo, per la prima volta in vita mia.

IL MUGGITO

A notte fonda la mano di un gigante quasi scardina le imposte. Mi alzo di corsa. Cento metri sotto il davanzale, la scogliera tuona con colpi sordi e irregolari; sopra, in un buio da Luna nuova, il pennello di luce brancola negli scrosci di uno Scirocco abrasivo e puzzolente di bruciato. Agguanto i battenti e richiudo meglio che posso la finestra, ma il vento filtra ancora, lugubre e ostinato. Le fessure cantano. Pare la notte dei naufraghi.

Provo a tappare i buchi con qualche straccio, ma il lamento continua. Non è qualcosa che chiama da fuori. Non è il vento, non è il canto ultraterreno delle berte e nemmeno il boato delle grotte invase dai frangenti. È come se un grosso animale fosse penetrato nel faro e muggisse dall'interno. Uno di quei richiami notturni che ti scavano dentro, ti dicono che sei nulla al cospetto dell'Immenso. Anime perse si aggirano nella torre sotto forma di Bestia.

"Muuuu-uuuu."

Molti anni prima avevo già sentito delle presenze nei dintorni di un faro. Ero arrivato verso sera sui faraglioni di Cabo da Roca, il gran promontorio a ovest di Lisbona dove l'Europa finisce in un baratro ruggente. Piovigginava, davanti non c'era che l'Atlantico, il vento soffiava con forza dal largo e la spada luminosa intercettava la spruzzaglia disegnando grumi di luce in volo, simili a stracci strapazzati dalle raffiche. Sembrava che lì, proprio in quel punto e a quell'ora, tutte le anime del Continente prendessero la rincorsa per catapultarsi nel Nulla.

Sarà per qualche motivo che "anima" viene dal greco "anemos", vento. Anche nel mio faro il vento gioca con le anime. Solo che lì, nella pancia del Mediterraneo, gli spiriti non si gettano nel vuoto ma si aggrappano a quella fragile candela persa nelle tenebre. Sembrano voler strappare i serramenti per cercare rifugio nella torre. Mi chiedo che cosa dovessero sentire i guardiani della luce nel mezzo delle tempeste invernali, quando per una notte i bastimenti affondati riemergono e il mare racconta le sue storie di sventura.

Chissà cos'è. Forse il canto delle sirene, la voce che chiama i marinai alla perdizione. Esco nel corridoio, illumino la scala a chiocciola e salgo di un piano, ma non riesco ad andare oltre. Non è paura: è timore di rompere un incantesimo. Mi accorgo che il faro, letteralmente, piange. È invaso da un lamento che viene da ovunque e nessun luogo, geme nelle più segrete giunture, emette una nota baritonale lunga e disturbata da infiniti scricchiolii, simili agli squittii di un topo o alle interferenze di una radio. La torre solitaria in cima alla montagna è un ripetitore di suoni ultraterreni, un'antenna sintonizzata su frequenze non udibili ai vivi.

È come se il monolito fosse intento a una seduta spiritica, alla ricerca di chissà quali voci registrate dal tempo. Anni fa lo scrittore inglese Tim Robinson mi raccontò di una sua avventura nella regione estrema del Connemara, in Irlanda. C'era un faro che aveva visto una morte violenta, un suicidio o un omicidio, non si sa. Le indagini non avevano sciolto il mistero. "Tornai, il luogo era solitario, deprimente, abbandonato. La torre era vuota, sinistra, e somigliava a una prigione. Ebbene, mentre camminavo nel silenzio più assoluto, un telefono si mise a suonare all'interno. Riiing, riiing. Non smetteva. Cercai di forzare la porta, ero certo che quella chiamata fosse per me, che contenesse un messaggio. Ma la serratura non cedette. Me ne andai con la certezza di aver sfiorato la soluzione dell'enigma."

Il romanzo *Le Phare* narra una storia di necrofilia, inventata quanto si vuole, ma figlia di un immaginario noir legato alla marineria del Nord Europa. È la storia di un solitario guardiano che un giorno trova sulla battigia il corpo nudo di una giovane annegata, e lo interpreta come un regalo dell'Oceano. Fa l'amore col cadavere, e con quell'amplesso gelido celebra il suo matrimonio col mare. A quel punto, per avere la sposa sempre con sé, ne stacca la testa e la posa su uno degli oblò della torre, in modo che diventi essa stessa faro.

Pare che nel mondo i fari siano di tre tipi: il "paradiso", che sta confortevolmente piantato in terraferma; il "purgatorio", aggrappato agli ultimi promontori rocciosi; e l'"inferno", perduto su qualche isolotto disabitato al largo. Ebbene, si dice che chi ha vissuto la terza e più estrema delle esperienze diventi qualcosa di simile a un mago. I vecchi marinai sanno che il guardiano del faro ha una relazione privilegiata con l'Altrove, è un essere speciale che ha superato la soglia dell'indicibile. E siccome vede cose che gli altri non vedranno mai, spesso è un uomo chiuso, uno che si trincera nel silenzio.

"Bu-bum, bu-bum, bum."

Ora i frangenti sparano cannonate all'esterno dei finestroni e la torre di luce vibra dalle fondamenta, è una cassa armonica sensibile a ogni vento, tempesta, marea, temporale. Penso che se le "voci" sono in grado di far tremare un faro come quello, solidamente ancorato a una cordigliera di cento metri, quali lamenti devono udirsi nei fari atlantici esposti ai fortunali? Cosa si deve provare in posti come Ar-Men, al largo dell'Île-de-Sein in Bretagna, monolito tremendo, incubo di pietra eretto in mare aperto in anni e anni di lavoro, aggiungendo pazientemente pietra, ferro e cemento nei pochi giorni di bassa marea?

Cosa accade nella mente di un uomo immerso nel ruggito dell'Oceano, perennemente assediato da muraglie d'acqua, rinchiuso in una torre dove la tempesta bussa alla porta otto giorni su dieci e da dove è possibile uscire, solo nelle giornate di bonaccia, su esili passerelle a strapiombo sul nulla? Qualche anno fa lo skipper francese Dominique Le Brun mi raccontò di un passaggio sotto la torre di Ar-Men, sul lato interno, quello di terraferma, dove solo in pochi si azzardano a tentare l'avventura: "Era una bella giornata, una delle rare giornate serene da quelle parti. Mentre filavamo a più di dieci nodi a vele spiegate, il guardiano uscì sul ballatoio e gridò se era tutto a posto. Feci appena in tempo a rispondere che sì, era tutto ok, salut, e già eravamo lontani. Ripenso spesso a quel momento. Chissà: forse ero il primo essere umano che il fanalista sentiva da una settimana. Ecco un bonjour che non dimenticherò mai".

Oggi nessuno abita più in posti simili, quasi tutti i fari sono stati automatizzati, ma ai tempi eroici dei guardiani cosa doveva significare un esilio di mesi senza telefono e contatti con la terraferma? Succedeva di tutto in un simile isolamento. Si narra di guardiani divisi da odi insanabili o resi pazzi dalla paura. O di altri sprofondati nell'ubriachezza al punto da dimenticare l'accensione della lampada, con conseguenti naufragi. Fabienne Kanor, una scrittrice delle Antille, mi raccontò del faro di Cork, in Irlanda, dove si era ritirata per lavorare a un libro. "Una notte sentii il suo muggito, era lo stesso dei buoi della mia terra natale," disse, e imitò il verso di quegli animali in modo straordinariamente verosimile, sbarrando gli occhi neri sotto il fazzoletto blu pervinca che le raccoglieva i capelli. "Uno spirito maligno, ne sono certa. Imitava una voce familiare per prendermi, mangiarmi il cuore. Piangeva, come una vecchia madre che ti ricorda le origini perdute. Non era un rumore solo esterno, ma qualcosa che ti scavava dentro, ti diceva che non eri nulla nell'universo."

"Vattene, vattene, vattene," pare ripetesse all'infinito una voce attorno a un faro del Nord Europa. Era il sussurro di una cavità, sicuramente, di quelle che nelle scogliere fanno echeggiare l'andirivieni della risacca. Ma il custode egualmente uscì di senno, e si gettò in mare pur di non udire quel lamento. "Anaön" li chiamano in Bretagna, i morti senza pace che, nei luoghi solitari, cercano di portarti via, oppure passano nella nebbia su barche fantasma per radunarsi in misteriose taverne oltremare. "Anaön": quel nome, pronunciato nel cavo della torre, mi parve il lamento di una barca nel vento forte, la voce di un bastimento capace di gemere nelle più intime giunture.

Il primo a parlarmene fu lo scrittore francese di noir Pierre Dubois, una sera di pioggia, a Saint-Malo, sulla costa atlantica. L'avevo visto entrare in un bar completamente vestito di nero, giacca lunga di foggia ottocentesca, stivali speronati e cinturone di cuoio, sotto una foresta di capelli grigi, con due occhi accesi che lo facevano sembrare un orco. Fraternizzammo, e la mia curiosità marinara fu per lui un invito a nozze. Era un grande narratore. "Ah, les anaöns... les esprits des morts..." gesticolava roteando gli occhi come se raccontasse una fiaba.

In mare, disse, ha sempre regnato la superstizione. Quelli che rimanevano a terra, mogli, figli, madri, non avevano notizie di quelli che stavano al lago, a pesca o nei fari. Non c'era la radio, ogni comunicazione era interrotta, e allora si dava peso a segnali anche impercettibili... L'umidità in casa poteva voler dire naufragio... Un cero che tremava in chiesa significava un'anima che volava via, chissà dove... Tutto era magia. La sabbia della Baia dei Trapassati era fatta con la polvere delle ossa dei morti in mare. A Natale, i bastimenti affondati riemergevano fra lampi e tuoni... Così narrava il vecchio Pierre, incantatore e pifferaio, mentre la pioggia tamburellava alle finestre.

"Les morts vivaient avec les vivants, si mescolavano a loro e tentavano di trascinarli nell'aldilà... Partecipavano alle messe di suffragio per artigliarli e portarseli all'inferno... e tu, se non facevi a tempo a smascherarli o a scappare, eri spacciato. I morti partecipavano ai festini, entravano nelle taverne, trasmigravano in Inghilterra per un ultimo sorso di grog, e poi c'era l'Ancou, l'operaio della morte, che altro non era che l'ultimo morto dell'anno, che passava cigolando su una carretta trascinata da un cavallo magro e uno grasso e ti portava via se ti voltavi a guardare... La anime le vedevi volare, sotto forma di ragno, topo o farfalla... I vecchi bretoni giuravano di averle viste queste cose... Terribile? Non, je ne crois pas, mon ami. È assai più terribile la desacralizzazione della morte come la viviamo oggi. La sua disumanizzazione. La perdita della memoria. La fine della magia del mare."

Alle tre mi viene voglia di uscire. Scendo al pianoterra, passo davanti alla teca con i cocci di ceramica greca, supero l'officina e il pozzo della cisterna, apro il portone e la torcia illumina qualcosa che mi fa sobbalzare. Sulla corda per la biancheria, due maglioni neri si sbracciano come pazzi nelle raffiche. La notte è in balìa di un sibilo planetario, eppure il rumore più impressionante viene sempre dall'interno. È quel muggito baritonale da Minotauro, amplificato come da una canna d'organo, un gigantesco corno suonato dal vento.

DIMORE DEL VENTO

La notte chiama sogni, i sogni chiamano pensieri, e i pensieri chiamano isole. Sifnos, Curzola, Ventotene, Gavdos, Pantelleria. Stanotte è tornata, col vento, Caprera.

Vi arrivai una fine aprile nella finestra di bonaccia tra una maestralata e una botta di Libeccio. Di notte la scuola velica, dov'ero ospitato in un bungalow, restava tranquilla come l'occhio di un tifone. Ero lì per scrivere di Garibaldi e della sua ultima dimora aggrappata alla scogliera, ma Bruno Spanghero, un ufficiale di Marina delle mie parti incontrato a Roma, mi aveva dato una meta in più: "Vai a vedere i forti sabaudi," aveva detto, "e scoprirai un'epopea. Sono posti che nessuno conosce. Sarai solo col vento e la risacca". Aveva una visione tutta sua delle coste della Penisola e sulla mappa aveva indicato relitti, basi sommergibilistiche dismesse, fari abbandonati, tonnare in disarmo. Aveva la stessa mia febbre delle rovine parlanti. Di Amalfi aveva detto, per esempio:

"Lascia perdere i limoni, per favore. Cerca i fantasmi dell'industria borbonica alle sue spalle, e capirai l'Italia".

Sazi di mare e ubriachi di vento, gli allievi della scuola velica dormivano alla grande nelle cuccette accanto alla mia, ma io passai una notte insonne, come accade spesso all'inizio di un'avventura. Pensavo a quel braccio di mare tra Italia e Francia dove erano passate tutte le flotte del mondo. Navi fenicie, romane e arabe. E poi Nelson e Napoleone alla vigilia di Trafalgar. Le portaerei della Sesta Flotta, la base atomica di Santo Stefano. Secoli, millenni di naufragi. E il faro di Bonifacio che pulsava all'estremità meridionale della Corsica. Pensavo anche alla mappa dei luoghi abbandonati che Paolo Vittone, amico perduto, innamorato dei fari e dei relitti, mi aveva lasciato, con l'indicazione, a nord-est della Sardegna, di una fantomatica fortezza Bastiani che non avevo mai individuato sulla mappa.

Nelle librerie della Maddalena era stato impossibile trovare qualcosa di scritto. C'erano diciotto forti lì intorno, immersi nella macchia mediterranea. Roba di dimensioni micenee. Ma pochi sapevano a cosa fossero serviti. Sull'argomento esisteva solo un libercolo esaurito, e così decine di migliaia di turisti passavano per l'arcipelago senza avere idea di cosa vi fosse accaduto tra il 1879 e l'inizio della Grande guerra. Io avevo appreso che, in quei trentacinque anni, trentamila uomini avevano lavorato alla costruzione di uno dei più grandi monumenti della storia militare italiana. Sembrava inverosimile. E ancora più folle sembrava che quei ciclopi di pietra fossero stati messi lì contro un'invasione francese.

Invece era davvero così. La Francia era stata il grande nemico, prima del giro di valzer che avrebbe ribaltato le alleanze nel 1915. "Intere carriere militari si sono consumate dentro quelle muraglie, in attesa di un attacco che non è mai avvenuto": così mi aveva svelato Toni Cattarini, un altro ufficiale delle mie parti, dopo una birra Ichnusa alla locanda Liò della Maddalena. Dunque, la fortezza Bastiani indicata da Paolo sulla mappa della Sardegna era quasi sicuramente quel pazzesco sistema difensivo. Anche lì, come nel *Deserto dei Tartari* di Dino Buzzati, giovani ufficiali erano invecchiati aspettando inutilmente l'ora della gloria. Una Fatamorgana di pietra, un'inutile Linea Maginot del mare.

Uscii prima dell'alba. La notte era piena di grilli e alberature immobili sbucavano dalla foresta sul lato della baia. Lontano, il richiamo di un assiolo pareva il sonar di un sommergibile. Il mirto sparava odore sensuale e nella veranda della sala mensa stazionava il profumo del pasticcio di melanzane cucinato la sera prima da Amadou, il cuoco senegalese di quella Tortuga italiana. Poi si svegliò lentamente il Grecale, il mare si increspò, divenne argento e infine color rame. Avevo scelto il forte di Punta Rossa, il più meridionale di Caprera e il più vicino alla scuola velica. Spazio militare, ancora teoricamente off limits. Fino a poco tempo prima, gli incursori italiani lo avevano usato come terreno di allenamento per i loro sbarchi.

In un quarto d'ora fui lì e, come mi avevano detto, ero davvero solo col vento e col mare. Aggirai senza fatica un cancello con la scritta VIETATO L'INGRESSO e cominciai, in leggerezza, un viaggio nell'altro mondo. La fortezza era lunga e stretta, come il promontorio proteso verso sud che le faceva da basamento. I muraglioni ne facevano letteralmente parte. La logica mimetica dei militari creava una simbiosi perfetta tra il manufatto e la roccia giallastra coperta di agavi, licheni color senape, papaveri e strane piante spinose. Andavo sull'orlo dei camminamenti e la luce radente del mattino proiettava la mia ombra lontano, su altri camminamenti. La natura si stava riprendendo tutto, cancellava le tracce di ruggine di rotaie, reticolati e affusti. Seppelliva i cocci di bottiglia di gloriose baldorie.

Casermette, hangar, capannoni con la scritta PERICOLO DI

CROLLO spalancavano finestre su un mare cobalto e rocce dentate color ruggine popolate di cormorani. Niente di sinistro, anzi. Sentivo crescere il desiderio di nascondermi, barricarmi in quello spazio franco disertato dai turisti. Promisi a me stesso che ci sarei tornato, con un sacco a pelo, per aspettare le stelle. Il mare, l'isola, tutto era mio. Mi tuffai da un pontile percorso da rotaie a scartamento ridotto. Vidi pattuglie di "zerdi" compiere pazzesche evoluzioni sotto un'indecifrabile griglia di ferro arrugginito sospesa sull'acqua trasparente. Salii nuovamente sul crinale e sul lato d'Oriente il mare ventoso era una lastra metallica segnata da smagliature diagonali. Qualche centinaio di metri più a sud, una vela rossa doppiò Punta Rossa, piegata a quarantacinque gradi.

Tra due casematte era cresciuto un fico e il terreno ora era coperto di finocchietto e piante grasse dai fiori color fucsia. Il luogo era di sperdimento assoluto, come se l'uomo fosse una cosa estinta. La ghiaia granitica scricchiolava come zucchero sotto i miei scarponi, ed era la stessa che Paolo mi aveva lasciato, in un vasetto di marmellata. L'aveva raccolta anni prima a trenta metri di profondità, in una baia nascosta della Corsica, e quel fondale silente gli era parso la culla perfetta della sua vita.

Il basamento dell'ultimo, gigantesco cannone era aggrappato al promontorio come un'iguana. Punta Rossa doveva essere un luogo di tremende mareggiate, perché il Mediterraneo la circondava da tutti i lati. Solo a Capo Promontore, sulla sponda sud dell'Istria, avevo visto qualcosa di simile; e anche lì la zona militare aveva salvato il luogo dallo scempio. Il Grecale picchiava, e subito vidi che i muri erano sbrecciati, ma non dai cannoni. Erano bastati i frangenti a roderli via. Il mare tuonava cupo, e intanto i graniti corrosi sbucavano tra le muraglie come teste urlanti nel vento.

Quante case degli spiriti avevo visto nel Paese dell'incuria, il mio. Fari, miniere, passi alpini, fortezze, strade, ferrovie, stazioni, fattorie, depositi di scorie atomiche, dighe. Rovine benefiche o sinistre. Abitate da epopee o da storie nere. In alcune avevo provato brividi di paura, in altre serenità. In molti di quei luoghi non avrei esitato a dormire da solo. Amavo far parlare le pietre muschiate e le ruggini piene di gloria, ascoltare i luoghi del vento consumati dagli elementi. I miserabili ruderi e i calcinacci sono cose mute, ma le rovine, perdio, sono altra cosa: parlano, hanno una voce flebile che anche un semplice restauro può spegnere. Per questo, quando ne varchiamo la soglia, il nostro silenzio ha più senso che altrove.

A Punta Rossa mi accorsi di aver perso il senso del tempo. Quando uscii dal cancello guardai l'orologio. Erano passate sei ore, e mi erano parse al massimo due. Il sole era allo zenit, i lecci si agitavano come posseduti. Faticavo a tornare tra i vivi. La base dei velisti era già distante come la Luna.

BOREA

Quella mattina l'aurora, per sorgere, aveva aspettato che il faro si spegnesse. Solo quando il raggio aveva completato l'ultimo giro, si era decisa a bucare la foschia a oriente con un mozzicone simile a un occhio di capra, poi era sorta, lenta come una sinfonia, salutata da centinaia di gabbiani. Lo sapevo che non era vero, c'è una cellula fotoelettrica, dunque è il faro che aspetta il giorno per spegnersi. Ma quella volta avevo avuto la certezza del contrario: era stato il raggio notturno a dar via libera al giorno. Con la monotona litania della sua rotazione ne aveva garantito il ritorno. Era stato la condizione necessaria del risorgere del Sole.

Si narra la storia di un cane che, con la Luna piena, ululava tutta la notte. I vicini, disturbati nel sonno, un giorno andarono a protestare dal padrone, che decise di chiudere la bestia in casa. Questa smise di abbaiare e la pace tornò nel quartiere. Accadde però che anche la Luna smise di sorgere, le canne di crescere, i grilli di cantare e le donne di avere il mestruo. Così i vicini, inquieti, tornarono dal padrone della bestia. Il quale sorrise e disse: "Vedete? Se i cani non ululano, la Luna non torna". L'animale fu subito liberato, e la vita tornò normale in cielo e sulla Terra.

Ricordo bene come andò quel mattino sul faro. Uscii sulla passerella perimetrale. Ferma come un immenso nuraghe nel tuono delle scogliere, la torre guardava l'ultimo galoppo della notte verso Sefarad, la terra del tramonto e delle Esperidi; e questo mentre dall'altra parte uno squarcio livido, sottile come un'aringa, si agitava per farsi strada in un banco di nubi. Se foste stati lì, in quel momento, mi avreste dato ragione. Come il cane, anche il faro aveva garantito la continuità della luce. L'aurora era un'aringa, e quella metafora valeva più di cento equazioni matematiche. Era la visione magica del mondo: la sola, forse, capace di far discendere il Tutto dal nostro agire individuale.

E se la Luna non tornasse? E se l'alba non sorgesse dal mare? E se il vento smettesse di soffiare? Pensieri governati da una simile, salutare insicurezza, vengono solo nel Mediterraneo, non in Bretagna o Patagonia. Ti ci vuole l'arcipelago. Nel mare di mezzo scappi su un'isola per essere lontano da tutto, e poi scopri che il tuo mare è al centro di ogni cosa, capisci di non avere via di fuga, che il sole e la pioggia, il giorno e la notte, dipendono da te, e che allo zenit, sopra l'unico occhio del Ciclope, qualcosa ti comanda di tenere buoni gli dèi.

Il dio unico, buono e provvidenziale, non funziona in mezzo alle tempeste. Quella mattina, portati dall'aurora riccioli belli e rosee dita, arrivarono in processione i signori della luce e delle tenebre. Poseidone girò il suo mestolo in mare aperto e cannoneggiò le scogliere. Zeus armato di fulmini spinse un esercito di nubi come una Invencible Armada. Eolo-che-mai-dorme percosse i serramenti e riempì la torre di gemiti. Persefone nerovestita, la dea del profondo, si svelò nelle ferite fresche dei faraglioni e nell'emersione di rocce plutoniche color pece. Solo lei avrebbe potuto scardinare il mio bastione.

Che mattina fu quella. Verso le sette, dalla grondaia della lampada, le teste dei sedici leoni di ferro cominciarono a ruggire alle nubi per saziare con altra pioggia la sete delle loro gole aperte. E intanto Ares, signore della guerra, indicava il Vicino Oriente in fiamme; Urano mostrava una primavera malata che scioglieva le ali a Icaro; Demetra piangeva per la grandine e i raccolti distrutti. Tutto indicava presenze ammonitrici. Il mare era una tempesta di nomi, storie e leggende. Tantalo, Radamanto, Fetonte, Idomeneo, Dardano, Pegaso, i Dioscuri. Non c'era vento, costellazione, punto cardinale che non nascondesse un mito.

Quel giorno la centralina meteo registrò un grande nervosismo tra le isobare. Finito il Libeccio, cominciò uno Scirocco-Levante fosco, che svegliò le Nereidi orlate di spuma e poi, calando, trasformò il mare nel piatto di bronzo picchiettato da uno stagnino. E venne l'Ostro con gran sereno, maestoso come flotta schierata in battaglia: svegliò i serpenti dell'Isola e asciugò la biancheria. Verso le tre del pomeriggio un branco di sgombri color argento fece ressa nel cielo a Ponente in una luce grigia, quasi baltica: cavalcato da eroi, stava arrivando Borea, fecondatore di cavalle. Frustava il mare dall'alto, con raffiche serpeggianti e irregolari.

A sera cominciò a soffiare da nord una corrente regolare, senza cedimenti né groppi di vento. Era Tramontana, e attorno alla lanterna i gabbiani veleggiavano immobili, così vicini ai vetri che potevo vederne l'occhio giallino, mentre il mare si striava di corsie blu parallele, dalle intensità più diverse. La giornata finiva con una visibilità strepitosa, dopo che l'anemometro, girando infinite volte su se stesso, si era trasformato in banderuola di preghiera. E il faro, che prende vento come nessun'altra cosa al mondo, era diventato tempio, chiesa, moschea, campanile, minareto.

Ogni cosa tornò al proprio posto, come tremila anni prima. La notte era stellata, e sul tardi vidi lo Scorpione, col suo monile sfolgorante, inseguire Orione per pungerlo alla cintura. Se conosci i venti, nel Mediterraneo, vai dove vuoi. Non ti serve la bussola, da un'isola all'altra. E ti vien da ridere quando leggi libri olandesi o inglesi che parlano di navigazione astronomica da queste parti. "Gli Inglesi," dice Piero, lo skipper che recita Omero in greco a memoria, "non hanno nomi per i venti, non sanno che sono mandati dagli dèi, e che spesso gli dèi ti ingannano."

Ricordo che Piero un'estate, a Zara, piantò una grana in Capitaneria perché le pratiche andavano per le lunghe e stava montando il Maestrale, col quale diventava dura risalire verso Trieste facendo bordi fra le isole. Maestrale, non c'erano dubbi: lo diceva il colore del cielo, delle onde e di tutto il resto. Poi, quando ci imbarcammo, si vide che il vento tirava da sud-est e non da nord-ovest. Ci guardammo attoniti. Gli dèi stavano ridendo di noi, dopo averci visto litigare in "Kapetanija".

SULLA FRONTIERA

"Trentacinque morti in un barcone di clandestini... Sommozzatori al lavoro da stamane."

Frasi smozzicate dalla radiolina a onde corte. La notizia arriva verso le nove, mentre sono in cucina a preparare la cena. Parole di indignazione, pietà. Allarmi nazionali, vuote dichiarazioni di questura. Il posto del ritrovamento, mi pare di capire, è un'ottantina di miglia a sud-sud-est. Ma, in fondo, che importanza ha. Tutto il Mediterraneo è diventato frontiera. Guardo sulla mappa la linea degli sbarchi, va da Pantelleria al Golfo di Squillace, poi scende lungo le Jonie, contorna il Peloponneso e prosegue verso Creta e Rodi. Nessuno può chiamarsi fuori. Anche il mio eremo è in prima linea.

Ore 18.00. Tutto pare normale. A ovest un traghetto greco, illuminato come una discoteca. Poi una nave passeggeri italiana. Il mare è leggermente increspato, con vento da Ostro-Levante, e una fetta di anguria galleggia alta sopra l'orizzonte, verso sud. Penso: cos'è rimasto del mare di mezzo? Quasi nulla. Già il fatto che si parli di due rive contrapposte dice che la battaglia è persa. Perché due rive? Perché abbiamo accettato questa semplificazione bipolare? La civiltà del web ignora la complessità. La espelle dal mondo. Costruisce una nuova cortina di ferro, in orizzontale, fra Gibilterra e il Libano. Nelle menti, prima che sulle mappe.

Il Mediterraneo è sempre stato mare di battaglie. Ma la guerra ha sempre convissuto con i commerci e la cultura. Venezia ha mandato galere contro gli Ottomani a Lepanto, ma non ha mai dismesso il fondaco dei Turchi e continua a produrre cartografie per i sultani. Il cambiamento di oggi non sta dunque in un aumento dei conflitti, ma in un tramonto della conoscenza reciproca, della memoria e soprattutto dello scambio. Perché non è più scambio questo andirivieni di container sigillati, non è comunicazione questo traffico che non consente ai marinai di sbarcare nemmeno mezza giornata. E nemmeno questo spadroneggiare di mega-transatlantici che con le eliche rivoltano i fondali e non si fermano nemmeno davanti alla laguna di San Marco.

Il mio mare è un cimitero di annegati. Lo è sempre stato, ma stavolta c'è qualcosa di nuovo e tremendo: gli annegati bambini. Piccoli corpi che scompaiono nella notte senza un grido, sfuggendo alle mani di chi li ama. Eppure, ci siamo assuefatti anche a questo. I giornali evocano la pietà, ma la gente rumina pensieri ostili e razzisti. Anche ora, con gli ultimi arrivi, le carrette piene di siriani e afghani che affondano fra Turchia e Grecia, e i piccoli corpi, simili a quello di tuo figlio o di tuo nipote, riversi sulla battigia o in mano a un poliziotto affranto. Tanti, troppi europei li detestano, li temono, forse perché sentono oscuramente che saranno loro, gli stranieri, a vincere. Perché il mondo è sempre stato dei migranti, di quelli che camminano e cercano altre terre attraversando con tremore il mare nero. Darwin è la smentita più spietata delle illusioni delle piccole patrie arroccate in un'identità dietro alla quale non c'è che usurpazione del suolo.

Vinceranno loro, questi siriani che traversano l'Europa leggeri, con sacco a pelo e tendina, come per una gita fuoriporta, con i bambini al seguito. Li ho visti passare. Calmi, determinati, con la forza di chi non ha più nulla da perdere e si è tagliato i ponti alle spalle. Non è Itaca la meta del loro viaggio. Ho conosciuto la Siria di prima. Era una terra di tolleranza. Musulmani e cristiani passeggiavano insieme, e le chiese di quello stato islamico, definito "canaglia" dagli Usa, erano le più piene di fedeli che avessi mai visto. È questa la gente che se ne va, il meglio della società aperta, gli evoluti cacciati dai primitivi in un biblico regolamento di conti. La parte più viva della società: come i figli dei matrimoni misti, espulsi dall'ultima guerra jugoslava da coloro che hanno usato patria e religione solo per nobilitare massacro e rapina. Ma per capire cosa accade ci manca tutto, anche il linguaggio. Profugo, esule, rifugiato, sono parole usate a caso, il segno della nostra confusione alfabetica e mentale.

Smanettando sulle frequenze, finisco su Radio Marsiglia. Trasmette una vecchia storia che sembra il preludio della tragedia dei migranti. La ascolto dalla voce viva di Jacqueline, un'avanguardia dei "pieds-noirs" che nel 1957 è emigrata bambina dalla sua Tunisia, con la sorella più grande Catherine. Sono spezzoni di un'intervista raccolta da un giovane ricercatore, François Beaune, che da anni – ho scoperto – batte il Mediterraneo in cerca di una narrazione che accomuni le genti delle diverse sponde. Prendo carta e penna e tento di fermare quanto sto ascoltando.

"Avevo quattordici anni. I miei ci mandavano in Francia, a Marsiglia. Mio padre aveva parcheggiato la macchina sotto un piccolo mercantile... avrà avuto mille e cinquecento tonnellate... era circondato da una folla di dockers che caricavano botti di vino... Ricordo che tentai di salire, ma la passerella era instabile, il corrimano cedeva e io avevo una valigia enorme. Ci consigliarono di ridiscendere e aspettare il completamento del carico... Fu allora che vidi i cavalli, un branco di ottanta cavalli bianchi, ammassati sul molo...

"Piansi dolcemente quando vidi gli animali sollevati uno per uno da una gru, con cinghie passate sotto la pancia, e trasferiti sul ponte della mia nave... Salii a bordo, la nave si staccò dalla banchina, i miei genitori ci seguirono lungo tutto il canale della Goulette, per dieci chilometri... Noi piangevamo, sventolavamo fazzoletti, poi la terraferma scomparve e noi restammo sole, nella notte che scendeva popolata di angosce...

"Di notte il mare si gonfiò e la nave cominciò a beccheggiare in mezzo a onde enormi. I cavalli, sottocoperta, erano spaventati... Li sentivo soffiare, nitrire... I palafrenieri li prendevano a due a due per le redini e li portavano sul ponte per calmarli... A un tratto un'onda più forte inclinò la nave in modo tale che una botte di vino si staccò dalle cinghie, cadde e si spaccò, spargendo una puzza che parve insopportabile alle mie narici di bambina."

Ascolto impietrito, mentre fuori il vento rinforza.

"In quel momento la fune di un cavallo si slacciò, l'animale scivolò sul vino, attraversò il ponte inclinato e sparì come una pietra... Il mio cuore batteva forte da rompersi, cercai con gli occhi in mare restando aggrappata al corrimano... vidi la testa emergere nella schiuma della scia, gli occhi enormi e le narici dilatate, poi lo persi di vista in mezzo alle ondate... Da quel momento la malinconia si impossessò di me e per giorni e giorni non pensai che a quell'animale che aveva lottato fino all'ultimo prima di essere inghiottito dagli abissi.

"A Marsiglia, al molo J4, il 26 gennaio del '57, alle 18.00, arrivò un cargo da Tunisi con a bordo 99 botti di vino rosso, 79 cavalli bianchi e due giovani passeggere, Jacqueline e Catherine Becker."

Così finisce la storia. Poi un breve silenzio e viene una canzone.

L'indomani racconto la storia al farista, che sorride. "Ah," dice, "da queste parti hanno visto navigare gli asini. I contadini ne avevano troppi e li portavano sull'Isola per venderli di contrabbando a quelli dell'altra sponda, i produttori di salumi... La migliore mortadella è quella di asino... Le bestie vivevano un po' di libertà sulla brughiera, poi venivano le barche, l'intermediario incassava, e via. E come ragliavano, i ciuchi, a mollare questo paradiso."

LA MAPPA DEGLI ABISSI

Sera di pioggia. Frugando negli scaffali della biblioteca, nell'andito fra il mio appartamento e quello del fanalista, trovo una mappa arrotolata in un cilindro di cartone. La apro sul tavolo della cucina, la fisso ai lati con dei libri e accendo la lampada. Sotto la scritta in stampatello STRUCTURAL-KINEMATIC MAP, il mio pezzo di Mediterraneo si dispiega su scala 1:500.000 in una sinfonia di colori che sembra riassumere tutte le meraviglie del creato: dal rosso vermiglione al grigio topo e al giallo cadmio, dal blu di Prussia al turchino e alla terra di Siena bruciata. Al centro di una trama minuziosa di isoipse e isobate, anche la mia Isola si mostra, assieme agli arcipelaghi vicini.

Le didascalie della legenda portano, accanto ai rettangolini colorati, parole come "Cobblestone area", "Middle-late Pliocene chains" o "Hercynian basement", che suonano alle mie orecchie come il mormorio di una donna innamorata. Tutta la planimetria è solcata da linee di faglia, rosse, nere, verde pisello o arancio, e il Ciclope sembra al centro di quella oscura danza del Profondo. E mentre pressioni spaventose, apportatrici di terremoti, si materializzano un po' da tutte le direzioni (Italia, Penisola Balcanica, Nord Africa soprattutto), l'altra metà del mondo – i fondali – svela la sua pazzesca morfologia: catene di montagne sommerse, abissi di tremila metri, vulcani spenti, scogliere a pelo d'acqua.

Superato l'incantamento iniziale, provo a entrare nei dettagli con pazienza. Più scavo, più trovo: la mappa svela una meraviglia dopo l'altra. Da perderci la testa, e soprattutto il sonno. Individuo un banco, profondo venticinque braccia, che poi ho saputo perfetto per la lampara, la caccia di Luna nuova agli sgombri e alle sardine. I dintorni dell'Isola sono costellati di secche benedette dai pescherecci, ma temute dalle barche a vela troppo disinvolte, che rischiano di rimetterci la deriva.

Cerco fino a notte fonda. In alto a sinistra della mappa, trenta miglia a nord-ovest, in mezzo al nulla, ritrovo uno scoglio sinistro, fatto di lava, segnato come insidia già negli antichi portolani, uno spuntone che da sempre fa impazzire le bussole, ma attorno al quale, nella stagione giusta, puoi vedere i merluzzi a pelo d'acqua. Cinquanta miglia a nord-est dell'Isola, si spalanca una fossa, la "grande fossa" ben conosciuta dai pescatori d'altura. Lo skipper riminese Fabio Fiori me ne ha parlato come di "una specie di utero che, nonostante gli oltraggi della modernità, continuava a regalare formidabili pescate". ∟

Lentamente, si svelano le ragioni dell'antica fertilità di quel mare. L'Onnipotente ha messo la mia Isola al centro di un bacino riproduttivo teoricamente inesauribile. Quando Antonio Mallardi, battitore di isole ioniche, egee e del Dodecaneso fin oltre Cipro, ha saputo la mia meta, mi ha raccomandato di portarmi dietro le *Storie* di Erodoto di Alicarnasso e *Horcynus Orca* di Stefano D'Arrigo, dedicato ai mari di Sicilia; ma subito dopo, in un famelico risveglio d'istinto venatorio che gli ha spazzato via ogni prurito intellettuale, mi ha spiegato come catturare i polpi e soprattutto come ucciderli in un attimo con un morso tra gli occhi.

"Poi sbattili," ha detto commuovendosi, col suo accento del Sud capace di evocare i morti, "sbattili mi raccomando, con tutta la forza della tua spallata, su una roccia liscia, per cinquanta volte almeno, poi chiudili in un cesto e sbattili ancora, e ancora, per ammorbidire la carne." Ascoltando le sue istruzioni gioiose, non ho avuto il coraggio di dirgli che, alcuni anni prima, pescato un polpo, l'ho ributtato in acqua dopo averlo guardato fisso negli occhi. Aveva lo sguardo intelligente, quasi da mammifero; e da allora non ho pescato più in vita mia. Il polipo è intelligente: il buon Sandro Chersi, che va a pesca sempre col cane, ne aveva beccato uno e lo aveva messo in un secchio dentro la barca. A un certo punto la bestia uscì, guardò il cane che ringhiò diffidente, poi, vista la mala parata, rientrò per prudenza nel secchio. Dopo quella prova, capitan Chersi lo ributtò in mare. Si era riconquistato la libertà e la vita.

Ma il mare della mia Isola non è adatto a sentimentalismi animalisti. L'abbondanza dà alla testa. "Troverai pesci che non esistono più," mi aveva confidato non senza invidia l'amico Leonidas, greco della Messenia e grande predatore in pensione, prima che partissi per la mia avventura. Friggendo due "barbunia" nella terrazza di casa con vista mare, aveva sussurrato: "Vedrai, Pavlos! Triglie di scoglio, dentici, ombrine, gronghi, murene, aragoste, saraghi e polpi...". E poi era partito con una litania di nomi di luoghi, cose come Mondefusta, San Nicola, Diomede, Salamandra. Nomi che ora ritrovo sul fondale verdeazzurro della mappa.

Ieri il farista capo mi ha raccontato che fino agli anni trenta del ventesimo secolo, per conquistarsi le migliori zone di caccia intorno all'Isola del Ciclope, gli abitanti dell'arcipelago avevano dato vita a una regata. La barca che vinceva conquistava la prima scelta. Erano robusti gozzi a vela latina, ma la corsa si faceva solo a remi, con vogata in piedi alla veneziana. Una gara per duri, che spesso durava dall'alba al tramonto, quindici ore per quaranta miglia, più o meno settanta chilometri.

Traccio a matita l'itinerario della traversata e annoto a fianco le istruzioni di Nicola. Fino al Settecento la gara si era svolta con la scorta di una nave militare, veliero o galera, per garantire la protezione dai pirati. Nell'Ottocento venne la grande stagione delle sardine in scatola, che arricchì centinaia di famiglie. Ma con le navi a vapore e la concorrenza della pesca oceanica, fu la fame per l'industria conserviera della zona, e migliaia di isolani dovettero emigrare in America.

Pian piano sto imparando la direzione delle correnti, i giochi della marea, la direzione dei venti prevalenti, i campi di pascolo del pesce, gli stretti più insidiosi fra le isole, la millimetrica precisione delle migrazioni del pesce. Prendo nota di un'isola a cinquanta miglia, con una baia dove il Maestrale, unito alla marea, può generare mareggiate impressionanti e sbattere le barche da pesca in terraferma per trenta, anche quaranta metri. Annoto tutto, meticolosamente, sulla pergamena.

Navigarvi con l'immaginazione è mille volte meglio che brancolare nel web, o castrare le mie divagazioni con la scorciatoia di un motore di ricerca. In certe notti di vento forte, è persino meglio che navigare in mare.

LA FOLGORE

Annunciato dall'odore di ozono, il temporale scarica la prima bordata in orizzontale, più o meno a cinquanta metri sul livello del mare. Ma subito il serpente di fuoco cambia strada, si alza come una testa di dragone e ricade sul tridente piantato in cima alla lanterna. Saranno le sei del pomeriggio. Dalla Sicilia è salita a velocità impressionante una muraglia negra e gonfia, che mi ha colto di sorpresa mentre ero a caccia di capperi sul promontorio orientale.

Uno spettacolo tremendo. Sta arrivando Giove in persona, su una quadriga indemoniata. Mi metto a correre a perdifiato per non farmi prendere dal diluvio. Poi c'è un momento di pausa. Mentre anso verso il faro, all'ultima curva del sentiero, nel punto in cui è possibile vedere entrambi i mari, mi accorgo che i gabbiani non volano più. Sono tutti nei nidi, butterano di bianco la brughiera. È la prima volta che accade.

La zampata arriva in quell'attimo, in perfetto silenzio. Artiglia la cuspide della torre, poi si ramifica all'esterno della gabbia metallica attorno alla lampada, fa un crepitio simile a quello di un rogo di legna resinosa, infine spara il tuono, mentre lingue di fuoco azzurro scendono lungo i parafulmini, giù per i muraglioni, fino alle rocce basali. I peli delle braccia mi si alzano, e se avessi i capelli probabilmente li avrei dritti. È come un temporale in montagna, solo che qui non c'è riparo, la folgore mi circonda da ogni lato.

Non riesco a muovermi, ipnotizzato dallo spettacolo. Alcune saette cadono in mare formando aloni verdastri, altre si accaniscono contro lo scoglio solitario, con strana lentezza, come se cercassero un buco dove nascondersi. Una serpeggia a lungo nel precipizio a sud della stazione meteo. La roccia calcarea e la dolomia sono piene di caverne e anfratti che impediscono alla tensione elettrostatica di esaurirsi in fretta. Per questo i temporali sono così devastanti.

Quanti misteri. Su quell'altare di pietra era già apparso, una notte, il diadema dello Scorpione. Poi, nascosta in un nome antico, si era svelata la Salamandra. Ora spadroneggia il Serpente. In mezzo a tutto questo, il faro diventa cattedrale, luogo di scongiuro e contemplazione; e la folgore ostinata tenta e tenta di penetrarlo, come se volesse distruggerne la fonte di luce. L'ha già fatto più volte da quando la torre è stata costruita, e alcuni oggetti portano ancora le cicatrici di quel passaggio incendiario. Crepe nella roccia viva, ringhiere bruciacchiate, una piastra di alluminio fusa ad alta temperatura.

"Am 17. April zog sich über der Insel ein schweres Gewitter zusammen..." In un librone con la storia del faro trovo un rapporto meteorologico in lingua tedesca, forse del progettista. Gli do un'occhiata alla luce della torcia, perché col temporale la corrente è stata staccata. Il 17 aprile! Sono gli stessi giorni della mia permanenza lassù. Leggo avidamente, mentre la lampada rotante inizia il suo lavoro in cima alla torre di pietra, col solito cigolio metallico. "Verso l'ora del meriggio, si scaricò sopra l'Isola un temporale burrascoso e il faro marittimo venne colpito da un fulmine." Ma il meglio viene dopo, elencato con precisione tedesca.

"La folgore danneggiò la prima gradinata della scala a chiocciola, presso la balaustra di ferro, attraversò il locale del pianoterra presso l'angolo del muro maestro, carbonizzò due cassoni di cui uno pieno di stoppa (senza tuttavia infiammarla). Un martello e un'accetta quivi riposti si fusero nella parte metallica formando una specie di pisello. Il fulmine si fece poi strada in un magazzino pieno di cassoni contenenti taniche di petrolio, attraversò diagonalmente i recipienti senza incendiare il combustibile, poi si scaricò sulla roccia delle fondamenta, lasciando una fessura profonda mezzo metro e totalmente annerita. Qualcosa di simile all'effetto di una mina."

Torna la luce. In cucina sento riaccendersi la radio e miagolare un rebetiko. Aleggia la voce rauca di un greco, subito inghiottita da brontolii e interferenze. Mi accorgo di non aver cenato. Ero tutto preso da quella sfida tra il fulmine e il Ciclope. Penso al faro di Capo Horn, il più famoso del mondo, in fondo alla Terra del Fuoco. Quante volte l'ho sognato! Ora vi attraccano navi da crociera, e il guardiano posa per le foto davanti al chiosco con gli infradito e le magliette made in China. Quanta più leggenda nel mio scoglio mediterraneo senza approdi in mezzo alla burrasca!

Leggo avanti nel librone: "Le rive che costeggiano l'Isola da ponente a meriggio sono senza posa flagellate, corrose e sforacchiate dalle onde del mare, che i venti di Ostro e di Levante vi scaraventano contro con impeto violentissimo". E ancora: "Negli scavi intrapresi si trovarono delle caverne abbastanza spaziose, ripiene di scheletri umani, ed altre ossa, alcune delle quali al solo toccarle andavano in polvere". E ancora, poco oltre: "Trovaronsi inoltre molte armi di selce, urne, vasi, un pendente d'oro e una moneta di rame dei tempi di Ferdinando primo re di Napoli".

Tuona tutto il giorno, poi a sera c'è tregua e la temperatura cala di dieci gradi. Bevo un goccio di whisky, salgo le scale fino alla lampada e la solita ombra mi segue lungo i muri. In cima, oltre i finestroni c'è un'unghia di Luna nuova, mentre la spada di fuoco vaga libera nell'aria pulita. Sono solo, al centro della notte.

I sit within a blaze of light
Held high above the dusky sea.

Ripeto l'attacco del *Guardiano del faro*, di Robert Louis Stevenson, l'autore dello *Strano caso del dottor Jekyll e del signor Hyde.* Suo padre, ingegnere specializzato nella costruzione di fari, gli aveva regalato il gusto della luce nelle tenebre.

Lontano l'onda s'infrange e ruggisce
lungo desolate miglia di spiaggia illuminata dalla Luna.

La battaglia navale è finita. Solo qualche lampo verso oriente.

ONCA

Ieri sera l'ho subito riconosciuta. Era la chioccia calda e morbida di sempre. Si era sistemata con una sedia davanti al portone del faro e rammendava una calza, col suo vecchio uovo di legno. Stava lì, soletta nel tramonto, sotto un turbine di gabbiani. "Che Dio te compagna e la piova no te bagna," fece appena in tempo a dirmi. Poi scomparve.

Il ricordo di Onca è venuto a trovarmi così, di sorpresa. È stata l'ultima inquilina della Lanterna, il faro più vecchio di Trieste. Ero salito lassù a cinque-sei anni: mio padre mi ci aveva portato per una scala a chiocciola, poi mi aveva mostrato Trieste da un vertiginoso ballatoio. C'era un gran traffico di pescatori; scaricavano quintalate di sgombri davanti alla pescheria grande.

Nonna Onca, al secolo Veronica, non sapeva nuotare, ma la sua vita si era consumata nel Mediterraneo. In un faro si era sposata, in un faro aveva trascorso la luna di miele, in un faro aveva partorito sei figli tra le due guerre. Giovanni, Erminia, Maria, Rosetta, Licia e Renato. Sei figli e sei fari: Porer, sulla punta meridionale dell'Istria; Pelagosa, al largo di Curzola; Faresina, sull'Isola di Cherso; Fasana e Scoglio Olivi dalle parti di Pola e San Giovanni in Pelago presso Rovigno.

Poi era venuta la Lanterna, ultima destinazione del marito, il fanalista capo Giovanni Rakić, italianizzato Racchi, nato a Promontore, a sud di Pola, primo di dieci fratelli. In quanto istriano, aveva combattuto a Caporetto dalla parte austriaca, e con onore; il che non gli aveva impedito, poi, di servire fedelmente l'Italia come farista. Un giorno d'aprile del 1960 si era sentito un po' stanco ed era salito in camera a dormire. Mezz'oretta, aveva detto. E invece c'era rimasto per sempre.

Nei fari si nasceva e si moriva; e Onca rimase alla Lanterna fino alla fine, circondata da uno stuolo di nipoti che, all'ombra della torre, impararono la vita allo stato brado. Quando puliva il radicchio, la piccola Nadia le chiedeva: "Nona, quando te sarà morta, chi me neterà el radicio?". Lei rideva e diceva: "Mi no morirò mai". Ai bambini raccontava fiabe di volpi furbe e lupi creduloni, di contadini poveri e preti ben pasciuti.

Oggi le società veliche hanno blindato i moli e ceduto la lampada del faro a un museo ligure, sostituendola con una luce da discoteca. La vecchia torre è blindata da casermoni della Finanza. È sparito tutto: il treno che attraversava le Rive a passo d'uomo, i ferrovieri e i facchini, le bagnine, il boogie-woogie, i prestigiatori e le scimmie del luna park. E poi i pallanotisti, i tuffatori, le lucciole nell'erba, il baracchino delle salsicce. La Lanterna piena di famiglie – i Corbatto, gli Zaratin, i Maurel, i De Stalis – ma, in quella corte dei miracoli, la regina era lei. Nonna Onca non stava al faro. Lei era il faro.

Arriva un colpo di vento. Maria sta rientrando dall'orto

con un cesto di pomodori e cetrioli. Anche lei è una regina. Il marito governa la torre di luce, ma è lei che fa tutto il resto. Con l'aiuto di suo figlio pesca, cura la campagna, cucina, tiene in ordine l'alloggio. Questa sera Tommy mi mostra vecchie foto dell'Isola, invasa da capre, asini e bambini. Ben tre famiglie lavoravano al faro, e lui, dal primo anno di età, ha passato tutte le estati così, libero come il vento. C'erano fino a diciassette ragazzini, ma quello scampolo di terra irsuta li nutriva tutti. Patate, pesce, verdura, uva, carne. Solo la farina bisognava portarla dal Continente.

Al tempo dei Pelasgi il mare era governato dalle donne. Poi dal Nord vennero i Dori, guerrieri maschilisti di terraferma, e tutto finì. Ma l'anima femminile, corsara, rimase. Un tempo, nei fari capitava che – in caso di morte dei responsabili – subentrassero le mogli. La sentinella dei naviganti andava affidata a chi la conosceva bene, non a tremebondi novizi. "Ho sempre raccomandato," scriveva nel 1851 il responsabile del comparto negli States, "che alla morte di un guardiano a succedergli fosse la moglie, se donna fidata e rispettabile."

Erano anni duri, non c'era ancora corrente elettrica, la lanterna a petrolio andava alimentata in continuazione e l'apparato rotante funzionava con una catena tirata da pesi che ogni giorno andavano portati per le scale in cima alla torre. Eppure le donne diedero straordinaria prova di sé, anche nei fari più isolati e tempestosi. Kate Walker fu per trentatré anni guardiana di Robbins Reef, alla foce dell'Hudson, scoglio microscopico davanti a Manhattan. Succeduta al marito John, che nel 1890 le era morto di polmonite tra le braccia, pesava quarantacinque chili, ma salvò più di cinquanta persone disperse in mare.

Nel registro della Round Island Lighthouse, presso New Orleans, distrutta da un fortunale nel 1998, è annotata la successione dei guardiani. Anni, nome, cognome, salario, motivo di fine rapporto. Leggi, in sequenza: "1870-1872, Charles

Anderson, dollari 625, annegato". Segue: "1872-1882, Mrs Margaret Anderson, dollari 625, morta". E ancora, sotto: "1882-1882, Mary Anderson, dollari 625, dimissionaria". Marito, moglie e figlia: un'epopea in tre righe.

C'è spesso una donna di mezzo, in un faro. Quello della Vittoria, a Trieste, nel 1945 si è salvato dalle mine tedesche anche grazie alla moglie del custode, Edmondo Lodi. Flora Caroppo si chiamava, e la sua storia non la racconta nessuno. Una guarnigione di soldati tedeschi si era sistemata nel forte Kressich, ai piedi della torre di luce, e Flora era stata incaricata di far loro da cuoca. Cucinava così bene che quelli della Wehrmacht presèro a chiamarla "mamma", e quando venne il giorno della ritirata, il 30 aprile del '45, un giovane sergente dell'aviazione, viennese, informò il custode che il faro sarebbe stato fatto saltare in aria la mattina successiva. Nella pancia della torre erano state messe due bombe da mille chili, in presenza di altre dieci tonnellate di esplosivo nei sotterranei. Gli artificieri avevano già predisposto i fili elettrici e le spolette.

Al mattino, appena l'ultimo tedesco ebbe sgomberato la posizione, il custode e il suo assistente entrarono nel faro col rischio di saltare in aria anche loro, e tagliarono i fili collegati alle mine. Quando poche ore dopo giunsero i partigiani, il bravo Lodi col suo assistente Matera tolsero le spolette e le consegnarono ai nuovi arrivati. Le famiglie di lingua slovena dei dintorni si diedero subito da fare per garantire alle truppe di Tito che i responsabili del faro erano persone fidate, e soprattutto "mamma" Flora, che pur cucinando per i tedeschi non aveva mai smesso di dispensare il suo cibo ai civili del posto. Se il più grande faro del Nord Adriatico era ancora al suo posto, era anche merito suo. Sulla vicenda il farista stese dettagliato rapporto per la Regia Marina Italiana, ma dalla Regia Marina Italiana non ebbe, non dico una medaglia, ma nemmeno un "grazie".

Misteriose donne di mare. Tempo fa, me ne andavo a zonzo con la Luna intorno a Lussinpiccolo, nel Golfo del Quarnaro e, quando fui nella Baia di Artatore, dal bosco uscì improvvisamente una donna che mi abbagliò con la pila frontale. Aveva una fascina di legna sottobraccio, portava braghe che nel semibuio mi parvero mimetiche e una giacca color bruno. Mi intimidì al punto che non dissi una parola.

Tinza si chiamava, ed era anche lei una regina del mare. Aveva, mi dissero, quasi novant'anni e apparteneva a una grande dinastia di armatori, ma aveva scelto di vivere da sola in una casa senza corrente, abbarbicata alla sua scogliera. Era una di quelli che non erano fuggiti dall'Istria, negli anni duri di Tito. Emigrava dalla sua isola solo con i grandi freddi e, appena il tempo ingentiliva, la ritrovavi lì, col vento forte. A Trieste, tra la gente di mare, era diventata una leggenda.

Feci appena in tempo a guardarle il viso. Pareva scolpita dalle tempeste, portava orecchini e forse un filo di rossetto. Sparì nel buio come una faina.

PROFUMO DI ASSENZIO

L'ultima sera viene una Tramontana dolce, profumata di assenzio, un vento da regata che pulisce il cielo da cima a fondo. Lo pulisce al punto che quando esco a vedere il tramonto l'orizzonte si mostra trasfigurato. Per la prima volta il Sole non si inabissa in mare ma dietro una linea di montagne che non avevo mai visto. La visibilità è di cento miglia almeno, e la Fatamorgana è lì, a portata di mano. A ovest, un susseguirsi di gobbe violacee, come di balena, nuota in un cielo liquido che ha il colore del melone appena aperto. È già raro vedere la costa del Continente: questa sera l'occhio arriva alla sua colonna vertebrale.

Spesso, alla vigilia dei distacchi, il luogo amato si agghinda al meglio. Anche l'Isola, questa sera, ce la mette tutta per ararmi l'anima. Emana la bellezza languida e il profumo di un'odalisca ottomana. Nel primo quarto di Luna riconosco, con un tuffo al cuore, la fetta di cipolla cruda con cui si chiude *Omeros*, il capolavoro di Derek Walcott. A est, nell'ultima luce, la brughiera umida diventa smeraldo, di una tonalità calda e piena come i vulcani di Capo Verde. La superficie sconfinata del pelago non è né ruvida né liscia, ma increspata e del più greco color del vino. E intanto l'Isola naviga quietamente in questa distesa, lasciando a poppa, dal lato opposto al vento, una scia traslucida e liscia come di olio versato in mare.

Sul muretto in cima al precipizio metto un vassoio di peperonata, del pane, una bottiglia di Malvasia fredda con dei bicchieri, e invito Nicola, Maria e Tommy per un brindisi di addio. Navi lontane transumano come costellazioni, e intanto i villaggi, a uno a uno, accendono piccole, tremule nebulose sull'arcipelago e la terraferma. Non c'è bisogno di molte parole. Basta il tintinnare dei calici. Quando il buio è quasi completo, mi seggo ai piedi del muretto a salutare i segni zodiacali che hanno scandito il mio tempo sull'Isola. I minuti non finiscono mai e la felicità dell'attimo non è guastata, ma accentuata dalla percezione dell'effimero. L'orizzonte celeste ruota assieme alla lampada del faro. Ne sento gli ingranaggi, il ticchettio.

"Look! It's very busy, there in the sky!" grida Tommy strappandomi ai pensieri, e mi mostra una tempesta di stelle cadenti. Rimbalzano, come il riso lanciato agli sposi sul sagrato di una chiesa. Sì, c'è movimento in cielo, questa notte. Anche la mia metamorfosi si sta completando. Vi hanno contribuito il vento, il martellare dei frangenti, la solitudine, l'assenza di noie. Ma a restituirmi il tempo è stato soprattutto il magnifico silenzio della Rete, di cui ho goduto in queste settimane senza Internet. Le mie giornate duravano il doppio. Dimostravano il mostruoso furto perpetrato dal web. L'assenza di navigazione nel ciberspazio svelava gli orizzonti illimitati della navigazione in mare, e anche quella dentro me stesso.

Sono ridiventato padrone del tempo. La contabilità delle cose fatte e dei pensieri maturati sotto quella luce rotante dice che sono stato sull'Isola tre mesi, non tre settimane. Sul taccuino, le osservazioni si sono fatte più attente, puntuali. I pensieri sono diventati meno complessi ma più ermetici; hanno acquistato forza per sottrazione, come gli oggetti levigati dal mare. E poi non ero più io a cercarli, i pensieri: erano loro a cercare me. Li racimolavo qua e là girando per l'Isola, come gli asparagi selvatici o i capperi da mettere sotto sale. La scrittura stessa si asciugava, procedeva con note di due-tre righe al massimo, costeggiava i confini dell'incomunicabile.

Vedi spesso un vuoto strano negli occhi di chi torna dagli oceani o dalle grandi montagne della Terra. "Com'è andata?" chiedi. Loro rispondono: "Bene", e poi basta. Ti restano lì in silenzio, a guardare il tramonto con una birra sul tavolo. Nessun entusiasmo, nessuna febbre nella voce. I grandi marinai conoscono bene questo misterioso ritegno, questo senso di inadeguatezza delle parole davanti alla strapotenza della natura. "Il mio sogno," mi ha detto un giorno lo skipper triestino Sandro Chersi, "è che tu possa tornare con me da una grande traversata atlantica con il taccuino vuoto. Per essere ripagato, non avrei bisogno della tua scrittura. Mi basterebbe vedere il tuo sguardo quando passi Gibilterra e ogni terra emersa scompare."

Forse, in questa metamorfosi isolana, c'entra anche la durata del giorno. Sulla mia torre a centoventi metri d'altezza, il Sole sorgeva prima e tramontava più tardi che sul livello del mare. Faccio un po' di conti. Ogni giorno sono sette minuti di luce in più. In un anno, quaranta ore. Ma anche le notti erano più lunghe, popolate di sogni e fantasmi. Il dormire era guardingo, spezzato, simile a quello di un animale. Nella pancia della macchina insonne, le cose viste di giorno si riordinavano in modo nuovo negli scaffali della mente. Si diventava visionari, perché si era oltrepassata la linea d'ombra. Si era soli davanti al Grande Orologiaio.

Preparo la cena. Acciughe salate, pane, cipolla, pomodoro. Vino portato dal Carso. Due mandorle tostate. Caffè. Vuoto la cambusa. Domani parto: la barca è attesa verso le dieci. Sistemo il bagaglio, poi allineo sul tavolo alcuni oggetti trovati sulla spiaggia. Pezzi di lamiera, cordami, legni, lampadine, bottiglie. L'abrasione del vento, del sole e del mare ne ha svelato l'anima, trasformandoli in strepitosi soprammobili. Solo la plastica si imbruttisce, accentua invece di perdere la sua essenza di immondizia.

Mi porterò via anche la pala di un remo spezzato. Pare il fianco di una donna consumato da molte mani. Dicono i marinai che l'anima di una barca vecchia si rintana sempre più, man mano che lo scafo perde pezzi. E se la risacca, la pioggia e il vento, alla fine, portano via quasi tutto, lo spirito si aggrapperà a quell'ultimo pezzo rimasto.

Bevo l'ultimo sorso. La notte grandina di stelle.

BUENOS AIRES

Ricordo perfettamente la sequenza di quel distacco.

L'asino guercio tentò di ragliare per salutarmi, ma non ci riuscì. Aprì le mascelle e scoprì i denti, senza emettere alcun suono. Gli spazzolai la schiena per l'ultima volta, poi scesi verso la spiaggia senza voltarmi. L'Isola stessa sembrava un raglio muto, mi salutava senza dire nulla. Raccolsi gli ultimi capperi, l'ultimo assenzio. La giornata era di una bellezza incomparabile. La Tramontana del giorno prima era diventata Zefiro. Il mare si era quietato. Si vedevano tonni saltare a mezzo miglio.

Il motoscafo era già all'ancora, ma il pilota mi chiese tempo, voleva fare due passi sull'Isola, salire sulla torre a salutare Nicola. Così pensai di farmi l'ultima nuotata. E la feci anche se non avevo nulla per il mare. Tutto il bagaglio era già stato affidato alla teleferica. Il "tocio" – così lo chiamano il tuffo dalle mie parti – dà il meglio di sé quando non è programmato. Se poi non hai costume, ciabatte o asciugamano, meglio ancora. Ti apparti dietro a uno scoglio e godi di una lussuosa precarietà.

Sono i momenti in cui vento, mare e terra raggiungono un buon equilibrio; pause benedette dove, nel silenzio, senti la voce del tuo corpo – la pelle, i piedi, il fegato, il cuore, la schiena, le spalle – ringraziarti della tregua che gli hai concesso, e ti accorgi che la mente, affrancata dall'obbligo sociale di esprimere pensieri intelligenti, si riprende il diritto di errare dove capita o sovraintendere alla piccola manutenzione animale: togliere gli ultimi granelli di sabbia tra le dita dei piedi, stiracchiarsi come i gatti, appoggiare la vecchia schiena contro una pietra scaldata dal sole.

Nuotai a lunghe bracciate, poi mi asciugai sui ciottoli lisci come confetti. I minuti non finivano mai. La dilatazione del tempo rasentava l'incredibile. Mi addormentai, forse. Con la testa sulle foglie grigioazzurre di assenzio, cercai per l'ultima volta la strada di Oblivion, lo sperdimento della memoria. Mi parve di essere rimasto lì delle ore, quando Tommy venne a prelevarmi con la barca per il trasbordo al motoscafo.

Partii come i Greci, senza mai girarmi verso l'Isola. "Non devi guardare la riva che lasci," dicono, o soffrirai di nostalgia, la malattia che ti chiama indietro appena alzate le vele. Navigando, dopo tanti giorni a cento metri d'altezza sul mare, percepii nitidamente la curvatura terrestre. L'arcipelago lievitava. Le isole emergevano come vulcani, tutte le quinte del paesaggio erano in movimento.

Passando accanto a un altro faro, un cormorano ci superò come un drone, a pelo d'acqua. Sarà stato a trenta nodi, un fenomeno. Poi l'isola grande sbucò dietro un promontorio. Era lunga e boscosa, emanava odore di pini a distanza. Un altro mondo rispetto al mio faro nudo e carico di aromi. Avevo percorso sì e no cinquanta miglia, eppure, allo sbarco, mi sentii uno straniero. Ero un alieno incrostato di sale, la pelle scricchiolava sotto la maglietta. Avevo un altro sguardo.

Non c'era un turista. Solo il rumore di qualche macchina che rompeva il silenzio. Posai i bagagli, mi tolsi le scarpe, cercai a piedi nudi una taverna. Trovai un pergolato, sopra la filiale di una banca. All'ingresso c'era scritto BATA, e vidi subito l'occhiata di complicità dell'oste accendersi nella penombra del retrobottega. Apprezzava questa mia tenuta informale. Aveva occhio dalmatico, chiaro, baffi spioventi e una sigaretta di traverso. Mi servì in ciabatte.

Pranzai, splendidamente solo, i piedi sulla pietra liscia. Bevvi un po' troppo, allungando il vino con acqua fresca. Poi mi trascinai all'imbarcadero del traghetto. Come sempre sulle isole, tutti erano arrivati sul molo con anticipo. Le solite parche vestite di nero, un poliziotto con pistole alla Far West, una ragazza leopardata con tacchi a spillo, tre tedeschi e un giapponese in braghe corte, un lupo di mare barba lunga e passo strascicato, una tipa supponente con cagnetto. C'era anche un uomo misterioso e azzimato sui settanta, pantaloni bianchi e panama.

A casa, il giorno dopo, quando mollai i sacchi in andito e rividi il mio balcone alto sul mare, mi accorsi che anche la mia casa è un faro. Com'è che non ci avevo mai pensato? Eppure l'avevo sempre cercato un posto così, da dove vedere le navi in partenza. A quel nido ero arrivato dopo una navigazione complicata. Due anni prima avevo disceso il Po, e una torre di luce aveva segnato l'incontro col mare. Ma non mi era bastato, perché ne avevo cercata un'altra in mare aperto, verso la costa dalmata. Volevo a tutti i costi che la linea diventasse spazio, e lo spazio conducesse a un punto finale.

E poi c'era Paolo, l'amico di Milano che qualche anno prima era venuto nella mia città solo per morire in un faro. "Voglio un posto dove aprire la finestra e vedere il mare," diceva tra una chemio e l'altra. Aveva cercato per mesi il posto giusto, instancabilmente. Poi, all'inizio dell'estate, aveva trovato un appartamento con terrazza sul tramonto e vista sconfinata sull'Istria. Sopra, a meno di cento metri, torreggiava il faro della Vittoria, con la sua doppia pulsazione nella notte.

A trasloco finito – era agosto pieno – si era fatto un'iniezione di analgesico, poi era andato a sedersi sulla panca comprata apposta per quella terrazza, e si era acceso, felice, una sigaretta. Non posso dimenticare lo sguardo che diede a noi, gli amici che lo avevano aiutato nel trasbordo. Era un'occhiata beffarda e di traverso, che voleva dire: "Avete visto che ne valeva la pena?". E difatti il mare si increspava, un vino freddo era arrivato da un bar e l'amico Vinicio, alla chitarra, si era messo a cantare *Pena de l'alma*.

Morì due settimane dopo, in una notte di vento forte.

Lo vedevo, dalle mie finestre, il suo ultimo faro. Da lassù potevo vedere tante cose: la Lanterna austroungarica, punto zero delle torri di luce allineate lungo Istria e Dalmazia, fino al Montenegro; il mare popolarsi di Nereidi nel vento di nord-est, i traghetti turchi partire e i temporali arrivare dal Veneto. Nelle giornate nitide, oltre mare, anche le Alpi innevate si materializzavano in un grandioso fondale. In una posizione simile, così anarchica e solitaria, mi chiesi che bisogno avessi di viaggiare ancora.

Quella notte mi accorsi che il faro della Vittoria mi entrava in camera. Misurai l'intervallo: due lampi ogni dieci secondi. La duplice pulsazione si stampava su un mobile bianco accanto al letto, dove ho incollato una carta dell'Argentina. Lessi: "Buenos Aires". Lì è nato mio padre, quasi un secolo fa. Per quell'approdo transatlantico era partito mio nonno emigrante, da solo, a otto anni di età. "Note caratteristiche: non accompagnato", stava scritto nella scheda che lo riguardava all'Ufficio immigrazione dello stato argentino. Una nota che era un'epopea. Non sono mai stato a Buenos Aires. Avevo voglia di far riposare le mie vecchie ossa, ma non c'era requie. La luce già indicava un'altra meta.

Kyklops, l'asino guercio che adorava i limoni, il re del faro, è morto l'inverno dopo il mio soggiorno sull'Isola.

Indice